PERSÖNLICHE FREUNDSCHAFTS-BÄNDER

selbst knüpfen!

Mehr als 200 Ideen mit Motiven und Wörtern

Leopold Stocker Verlag
Graz – Stuttgart

Umschlaggestaltung: DSR - Werbeagentur Rypka, A-8143 Dobl
Titelbilder: Mike Mihalo
Bildnachweis: Mike Mihalo

Aus dem Englischen übertragen von Mag. Nina Schön

Bibliographische Information der Deutschen Nationalbibliothek
Die Deutsche Nationalbibliothek verzeichnet diese Publikation in der Deutschen Nationalbibliographie; detaillierte bibliographische Daten sind im Internet über http://dnb.d-nb.de abrufbar.

Hinweis:
Dieses Buch wurde auf chlorfrei gebleichtem Papier gedruckt. Die zum Schutz vor Verschmutzung verwendete Einschweißfolie ist aus Polyethylen chlor- und schwefelfrei hergestellt. Diese umweltfreundliche Folie verhält sich grundwasserneutral, ist voll recyclingfähig und verbrennt in Müllverbrennungsanlagen völlig ungiftig.

Auf Wunsch senden wir Ihnen gerne kostenlos unser Verlagsverzeichnis zu:
Leopold Stocker Verlag GmbH
Hofgasse 5 / Postfach 438
A-8011 Graz
Tel.: +43 (0)316/82 16 36
Fax: +43 (0)316/83 56 12
E-Mail: stocker-verlag@stocker-verlag.com
www.stocker-verlag.com

ISBN 978-3-7020-2040-8

Layout: DSR - Werbeagentur Rypka, A-8143 Dobl

Inhalt

Einleitung

Freundschaftsbänder sind überall. Vielleicht hast du sie auf Märkten, in Sommercamps, auf Messen oder Festivals entdeckt. Vielleicht hat ein besonderer Freund sogar schon eines nur für dich gemacht – oder du für ihn. Die meisten werden in bunten geometrischen Mustern geknüpft, aber hast du gewusst, dass du deine Bänder auch mit Namen, Wörtern und sogar kurzen Sätzen versehen kannst? Bilder sind etwas kniffliger, da du einem Musterdiagramm folgen musst, um die einzelnen Motive zu gestalten, aber die zugrundeliegende Knüpftechnik ist dieselbe und sobald du diese einmal beherrschst, wirst du dich dabei erwischen, selbst Armbänder für Freunde und Familie zu kreieren oder sie in der Schule, in der Kirche, im Verein, im Ferienlager oder unter deinen Teamkollegen zu verteilen.

Mit bunten Fäden und Geduld kannst du ein Armband mit deinem eigenen Namen knüpfen oder selbst gemachte Geschenke für Freunde und Familie gestalten. Deine Kreationen werden jeden beeindrucken, der sie sieht. In diesem innovativen Buch findest du neue Wege, bunte Armbänder in Spezialtechniken mit Grundknoten und vielseitigen Designs zu gestalten.

Fröhliches Knüpfen!

Suzanne

Schon gewusst?

Freundschaftsarmbänder sollen von Freunden Tag und Nacht getragen werden, bis sie von alleine herunterfallen. Beim Verknoten der Bänder am Armgelenk des anderen sollen die Freunde ihre Wünsche und Träume für die gemeinsame Zukunft miteinander teilen.

Freundschaftsbänder: Grundlagen

Teile des Armbands

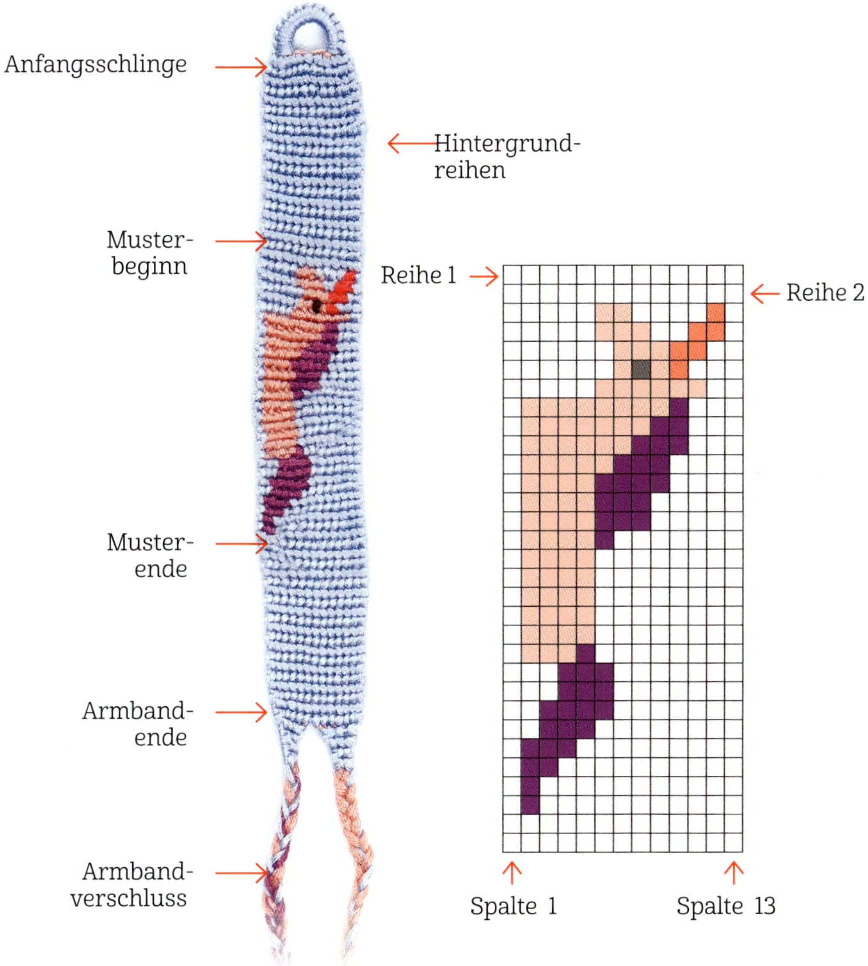

Grundlegende Ausrüstung

Material

Garn in ausgewählten Farben (6-fädiges Stickgarn, Perlgarn Stärke 5 oder Bastelgarn, z. B. von DMC, Anchor oder Prism)

Werkzeug

- Klebeband (Malerkrepp, Panzertape, Paketband oder Schneider- oder Quiltband)
- Sicherheitsnadel
- Schere
- Harte Knüpfunterlage (jede glatte, feste Oberfläche, an die du das Klebeband kleben kannst, z. B. ein Klemmbrett oder ein Knüpfbrett)
- Weiche Knüpfunterlage (ein Kissen, das Hosenbein deiner Jeans etc.)

Weitere Ausrüstungsgegenstände (wahlweise)

- Nadel mit großem Öhr (mit einer Sticknadel in Größe #20 klappt es am besten) zum Ausbessern von Fehlern
- Fransenstopp zum Verkleben der Garnenden (z. B. Prym, June Tailor, Fray Block)
- Wäscheklammer mit Spirale oder Durchziehnadel, damit der Arbeitsfaden nicht verknotet.

Muster lesen

Was Motivarmbänder von anderen Freundschaftsbändern unterscheidet, sind die dafür verwendeten Musterdiagramme. Vielleicht sind sie anfangs ein bisschen kompliziert, aber wenn du dein erstes Motiv geknüpft hast, wird es mit jedem neuen Bild oder Buchstaben einfacher.

- Jedes Quadrat steht für zwei Knoten auf den Hintergrundfäden.
- Knüpfe die erste Reihe von links nach rechts und die zweite Reihe von rechts nach links. Arbeite in diesem Muster für den Rest des Armbands weiter (siehe Musterdiagramm oben).
- Wenn sich die Farbe im Muster ändert, wechsle zum Hintergrundfaden, um die Knoten zu knüpfen. Mehr dazu auf Seite 10–13.
- Es passiert leicht, aus Versehen eine Reihe auszulassen, also sei achtsam! Markiere eine fertige Reihe, indem du sie mit Bleistift durchstreichst oder fertige Reihen mit einer Haftnotiz zuklebst (siehe *Troubleshooting* auf Seite 24).
- Es kann hilfreich sein, das Muster so zu drehen, dass es in dieselbe Richtung zeigt wie deine Arbeit. Wenn du ein Armband mit einem Wort knüpfst, fang mit dem ersten Buchstaben des Worts an und arbeite dich zum nächsten vor, damit du dich nicht verschreibst.
- In den Musterdiagrammen gehen Reihen immer von einer Seite zur anderen und Spalten von oben nach unten.

Ab Seite 28 teilt dieses Buch Dutzende Designs mit dir, aber es gibt auch extra Blanko-Diagramme, die du für deine eigenen Designs benutzen kannst (siehe *Eigene Muster gestalten* auf Seite 46).

Wahl der Farben

Die Farben für dein Freundschaftsband auszuwählen, macht fast so viel Spaß, wie das fertige Armband einem Freund zu schenken! Die Armbänder in diesem Buch werden in Beispielfarben gezeigt, du kannst aber auch einfach experimentieren und deine eigenen Designs kreieren! Du kannst beim Auswählen der Farben nichts falsch machen. Wenn du aber einen bestimmten Look im Sinn hast, findest du hier ein paar Tippps, die dir bei der Auswahl helfen sollen.

Die Bedeutung von Farben

ROT
warm, aufgeregt, bestimmt, mutig

ORANGE
frohsinnig, begeisterungsfähig, kreativ

GELB
lebendig, optimistisch, organisiert, glücklich

GRÜN
entspannt, ehrlich, harmonisch

BLAU
loyal, zuverlässig, ruhig, ehrlich, geduldig

VIOLETT
kraftvoll, mysteriös, magisch

GRAU
vorsichtig, traditionell, intelligent

BRAUN
vertrauensvoll, geerdet, aufrichtig

SCHWARZ
elegant, mondän, kraftvoll

WEISS
gewissenhaft, friedlich, einfach, rein

Mehr als Grundwissen

Du möchtest mehrere Farben verwenden? Nichts wie los! Mehrfarbige Wörter oder Bilder sind ein bisschen fordernder, aber sie bringen auch eine Menge Spaß. Du kannst eine neue Farbe für jeden Buchstaben einknüpfen oder deine Grundfäden in zwei oder mehr Farben anlegen.

Farbkombinationen und Kontraste

Welche Farben du wählst, bestimmt am stärksten, wie leicht man das Design des Armbands erkennen kann. Wenn du willst, dass das Muster einen wirklich anspringt, suche dir Farben mit hohem Kontrast aus. Das bedeutet, dass eine Farbe hell und eine dunkel ist. Wenn du ein Wort möchtest, das flüstert – fast schon wie eine geheime Botschaft, für die ein zweiter Blick notwendig ist – wähle Farben mit ähnlichen Farbwerten. Um die Farbwerte zu ermitteln, schieß einfach ein schnelles Foto deiner Garne und wende den Schwarz-Weiß-Filter an. Sehen die Farben gleich aus, wenn du sie in Schwarz-Weiß betrachtest, haben sie ähnliche Werte.

Schwarz und Weiß sind starke Kontrastfarben, wodurch sich das Wort auf einem Buchstabenarmband immer leicht lesen lässt.

Schulfarben und Mannschaftsfarben sind meist stark kontrastierend und eignen sich gut für Armbänder.

Wenn du zwei Farben wählst, die sehr unterschiedlich sind, ist es nebensächlich, welche die Hintergrund- und welche die Hauptfarbe ist. Sie funktionieren gut in beiden Positionen. Für diese beiden Armbänder wurde Orange und Violett verwendet und die Wörter lassen sich sehr klar lesen.

Entscheidest du dich für zwei Farbtöne einer Farbe, zum Beispiel Hellblau und Mittelblau, „schreit" das Armband nicht so wie mit stark kontrastierenden Farben, ist aber noch gut lesbar.

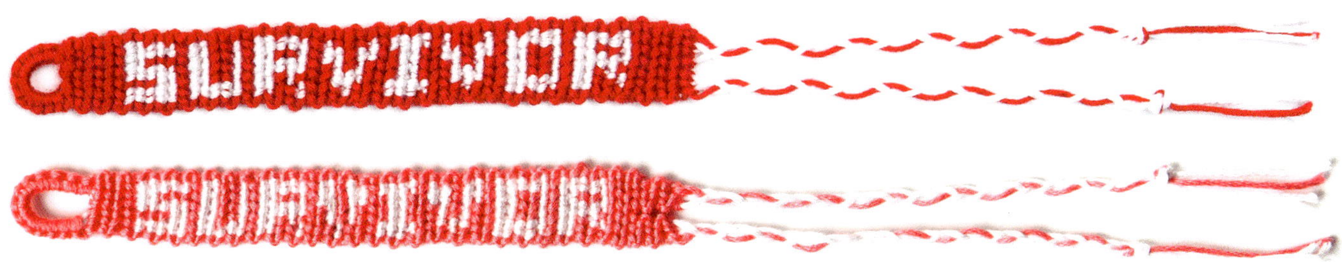

Diese Armbänder tragen dasselbe Wort, jedoch mit sehr unterschiedlichen Farbentscheidungen. Sieh nur, wie das Rot das Armband satter aussehen lässt.

Die Armbandgröße festlegen

Länge und Breite eines Armbands hängen von einer Reihe verschiedener Faktoren ab. Mit einem Maßband und deinem Musterdiagramm erhältst du ein passendes Armband in nur wenigen einfachen Schritten.

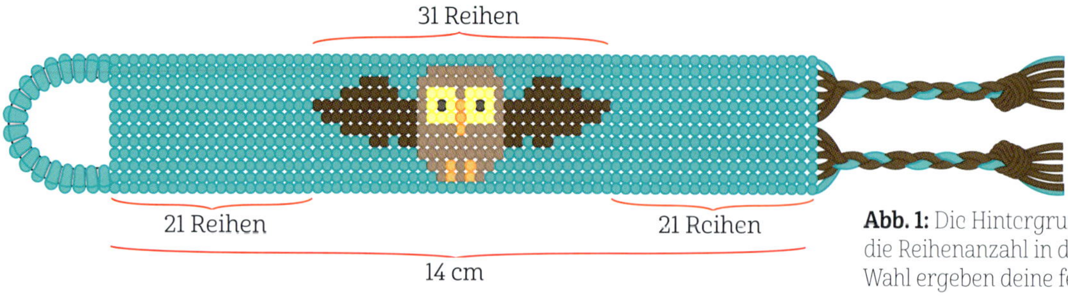

Abb. 1: Die Hintcrgrundreihen plus die Reihenanzahl in dem Bild deiner Wahl ergeben deine fertige Länge.

Länge

Auch wenn die Armbandlänge davon abhängt, wie fest du knüpfst, sind die meisten Armbänder 12,5–15 cm lang (ohne die Schlinge und die geflochtenen Schnürchen an den Enden). Die Gesamtlänge wird von dem Muster deiner Wahl plus der Anzahl an Hintergrundreihen vor und nach dem Muster bestimmt. Meist ergeben 12–14 Reihen ca. 2,5 cm des Armbands.

Um die Länge anzupassen, lege ein Maßband um dein Handgelenk (oder das deines Freundes). Diese Länge muss dein fertiges Armband haben (wieder ohne die Schlinge und die geflochtenen Bänder). Benutze die untenstehende Tabelle, um herauszufinden, wie viele Reihen du für deine Armbandlänge knüpfen musst.

Armbandlänge	Reihen insgesamt
12,5 cm	60–70 Reihen
13,5 cm	63–74 Reihen
14 cm	66–77 Reihen
14,5 cm	69–81 Reihen
15 cm	72–84 Reihen

Zähle nun, wie viele Reihen das Bild hat, das du verwenden möchtest. Wenn du die Reihenanzahl weißt, kannst du oben in der Tabelle nachschauen und festlegen, wie viele Hintergrundreihen du zusätzlich für die richtige Länge knüpfen musst. Vergiss nicht, bei einem kleinen Motiv, das sich wiederholt, ein oder zwei Reihen extra zwischen jedem Motiv einzurechnen!

Das Beispielarmband mit der fliegenden Eule **(Abb. 1)** ist 31 Reihen lang, das heißt, für ein 14 cm langes Armband müssen 34–46 zusätzliche Hintergrundreihen geknüpft werden. Für das Bild in die Mitte des Armbands musst du die Anzahl der Hintergrundreihen durch 2 teilen. So siehst du, wie viele Reihen du vor und nach dem Motiv knüpfen musst, was in diesem Fall 21 davor und 21 danach sind.

Breite

Die Armbandbreite wird durch die Motivgröße bestimmt. Bei breiteren Armbändern werden große Bilder eingesetzt, während schmale sich kleinerer Motive bedienen (siehe *Armbandmuster* ab Seite 28.). Die Breite wird auch von der Anzahl der Randspalten, die du hinzufügst, beeinflusst. Alle Armbänder sollten an beiden Seiten des Motivs mindestens eine Randspalte haben. Lass dich aber nicht auf nur eine Randspalte beschränken! Du kannst auch zwei oder noch mehr knüpfen, wenn das Band breiter werden soll.

Um deinen Motiven Ränder hinzuzufügen, nimm zu Beginn einfach einen Faden mehr. Ist dein Muster zum Beispiel im Diagramm 10 Kästchen breit und du möchtest an jeder Seite eine Randspalte hinzufügen, beginne mit zwölf Fäden. Ist dein Design nur 5 Kästchen breit im Diagramm und du möchtest 2 Randspalten an jeder Seite hinzufügen, beginne mit 9 Fäden. In den Mustern für Buchstabenarmbänder werden in diesem Buch keine Randspalten angegeben, für Bilder wird mindestens eine Randspalte gezeigt. Knüpfe dein Armband so breit oder schmal, wie du möchtest, indem du auf jeder Seite des Musters zusätzliche Randspalten hinzufügst. **(Abb. 2)**.

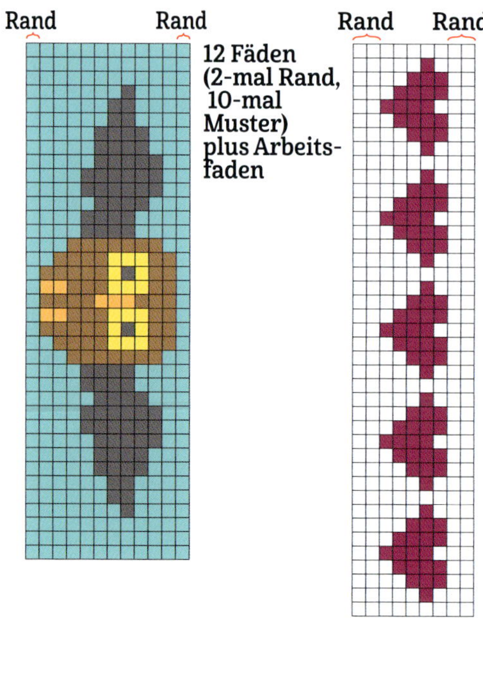

Abb. 2: Du kannst nur eine Randspalte knüpfen, wenn das Armband schmal werden soll, oder an jeder Seite zwei für ein breiteres Design.

Das Q ist besonders!

Weil er so nach unten ragt, brauchst du einen Hintergrundfaden mehr; anstelle von sieben Fäden brauchst du acht.

Schmales Armband mit dem Buchstaben *Q* mit sechs Garnsträngen für die Buchstaben und einer Randspalte auf jeder Seite.

Schmales Armband mit fünf Garnsträngen für die Buchstaben und einer Randspalte auf jeder Seite.

Schmales Armband mit fünf Garnsträngen für die Buchstaben und zwei Randspalten auf jeder Seite.

Schmales Armband mit fünf Garnsträngen für die Buchstaben und zwei Randspalten auf jeder Seite.

Breites Armband mit acht Garnsträngen für die Buchstaben und einer Randspalte auf jeder Seite.

Breites Armband mit sieben Garnsträngen für die Buchstaben und einer Randspalte auf jeder Seite.

Breites Armband mit sechs Garnsträngen für die Buchstaben und zwei Randspalten auf jeder Seite.

Breites Armband mit sieben Garnsträngen für die Buchstaben und zwei Randspalten auf jeder Seite.

Armbanddesigns knüpfen

Genau wie die traditionellen Freundschaftsbänder nutzen auch Armbänder mit Bildern und Buchstaben Reihe für Reihe geknüpfte Vorwärts- und Rückwärtsknoten, um das fertige Muster zu gestalten. Bevor du mit deinem ersten Armband beginnst, sieh dir die Grundknoten noch einmal an, um deine Erinnerungen aufzufrischen und dich auf Erfolg einzustellen.

Die benötigte Garnmenge bestimmen

Die Armbandmuster in diesem Buch rangieren zwischen drei und zehn Spalten ohne die Randspalten, die bei einigen Mustern gezeigt werden. Also brauchst du je nach Muster, das du knüpfen willst, 3-6 Garnstränge (jeder Strang wird doppelt genommen, um zwei Spalten zu knüpfen). Wenn du zusätzliche Randspalten möchtest, um ein breiteres Armband zu gestalten, füge einen Strang pro Randspalte hinzu (Stränge für Randspalten werden wie Stränge für Hintergrund oder Bilder in der Mitte gefaltet, um eine Randspalte an jeder Seite des Armbands zu erhalten).

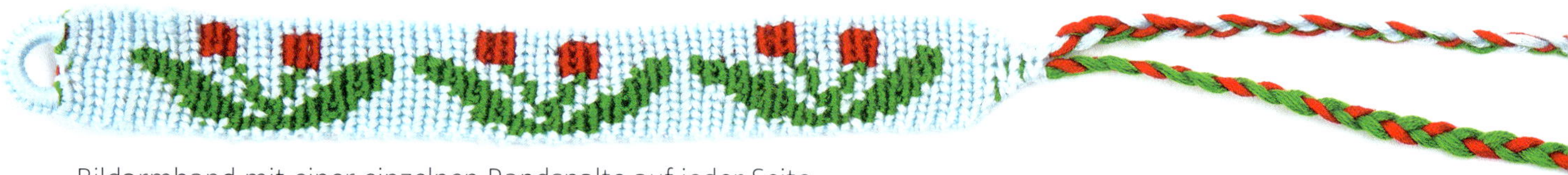

Bildarmband mit einer einzelnen Randspalte auf jeder Seite.

Bildarmband mit doppelter Randspalte auf jeder Seite.

Armbänder mit gerader Spaltenanzahl

Wenn dein Bildarmband eine einzelne Randspalte an jeder Seite und eine gerade Spaltenanzahl hat, beginnst du damit, einen Faden für den Rand und je einen Faden pro zwei Hintergrund- oder Bilderspalten zuzuschneiden **(Abb. 1)**.

Schneide zum Beispiel für ein Armband mit zehn Spalten (mit je einer Randspalte an jeder Seite) das Garn wie folgt zu:

- Vier 122 cm lange Fäden in der Farbe deiner Hintergrund- oder Motivfarben
- Ein 122 cm langer Faden in der Farbe deiner Randspalte

Grundsätzlich hat die Randspalte dieselbe (oder eine ähnliche) Farbe wie die Hintergrund- oder Arbeitsfäden. Die inneren Fäden des Armbands können dieselbe Farbe haben wie der Hintergrund, aber in der Regel beginnst du mit der ersten Bildfarbe deines Designs. Wirf einen Blick auf das Muster, um zu sehen, welche Farben zuerst kommen. Schneide die inneren Armbandreihen abhängig von deinem Bildermuster in Motivfarbe, weniger in Hintergrundfarbe zu. Siehe *Motivfäden und Farbwechsel* auf Seite 18 für mehr zu diesem Thema.

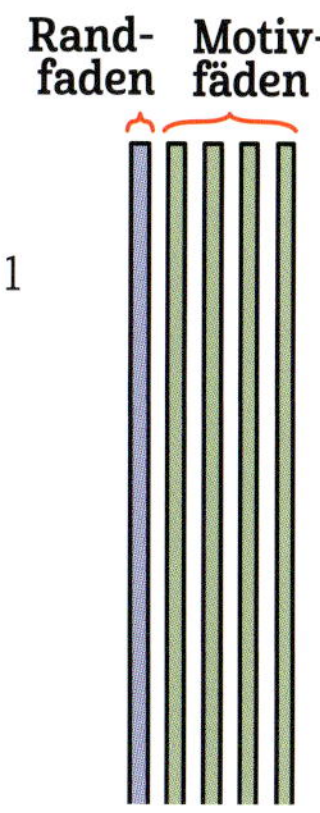

Abb. 1

Armbänder mit ungerader Spaltenanzahl

Die einfachste Art, mit einer ungeraden Spaltenanzahl umzugehen, ist, sie so zu behandeln, als wäre sie geradzahlig mit einem Faden extra. Hat dein Muster zum Beispiel neun Spalten, schneidest du genug Garn für eine Breite von zehn Spalten zu. Dann, während du deine erste Reihe knüpfst, knüpfst du zwei Fäden zusammen, als wären sie einer.

Mach eine Anfangsschlinge über alle zehn Reihen mithilfe deines Knüpfgarns. Wenn du mit dem Knüpfen beginnst (wie auf Seite 12 beschrieben), knüpfe über einen Randfaden, sechs einzelne Fäden und eine Gruppe aus doppelt zusammengenommenen Fäden, die wie ein einzelner Faden behandelt werden, und den letzten Randfaden, woraus neun Knoten entlang der Reihe resultieren **(Abb. 2)**. Hast du einmal vier oder fünf Reihen deines Armbands geknüpft, schneidest du den überschüssigen Faden einfach ab.

Abb. 2

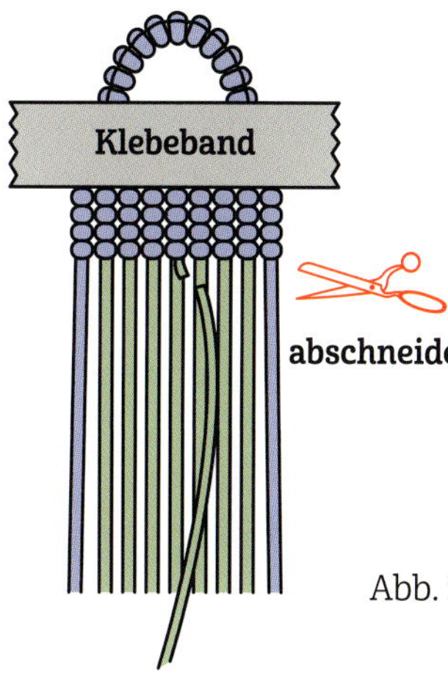

Abb. 3

Grundknoten

Vorwärtsknoten (VK)

Alle Vorwärtsknoten (VK) bewegen sich *von links nach rechts.*

1 Führe den am weitesten links gelegenen Arbeitsfaden (Hintergrundfarben) über und dann unter den Faden, der direkt rechts von ihm liegt. Ziehe das Ende des Arbeitsfadens durch die Schlinge, die sich gebildet hat. Festziehen, bis der Knoten fest an der vorigen Knotenreihe sitzt. Das nennt man halben Schlag (HS) **(Abb. 1)**. Wird er für einen Vorwärtsknoten geknüpft, nennt man ihn halber Schlag vorwärts.

2 Wiederhole das, indem du einen zweiten VHS mit demselben Arbeitsfaden knüpft. Ziehe den zweiten VHS fest an den ersten **(Abb. 2)**.

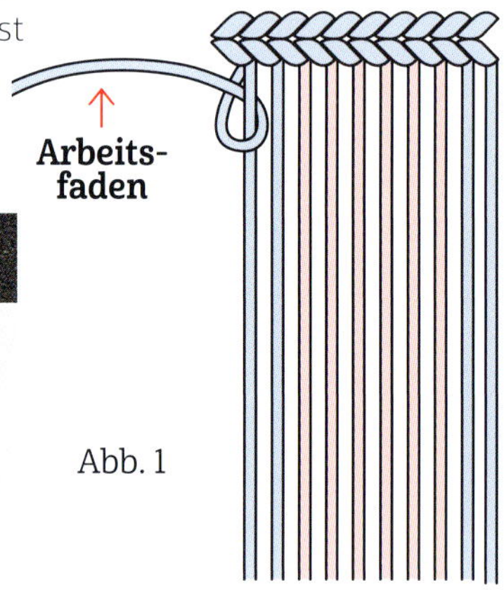

Abb. 1

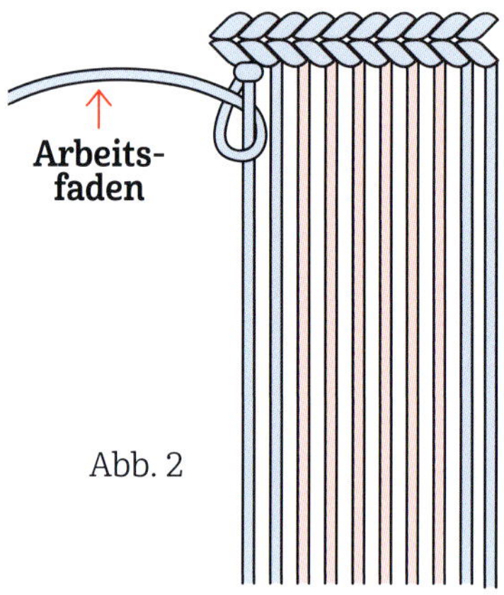

Abb. 2

Tipp

Knüpfe für jeden VK oder RK zwei HS, bevor du zum nächsten Faden weitergehst. Wenn du nur einen Knoten machst, wird dein Armband sehr locker und die Seiten wellen sich. Die Ausnahme dieser Regel ist, wenn du die Anfangsschlinge machst. Hier beginnst du mit einem ganzen VK/RK und fährst dann abwechselnd mit VHS und RHS fort.

Abkürzungen

Jeder Knoten hat eine Abkürzung, die in Klammern steht. Damit sie leichter zu lesen sind, werden diese Abkürzungen anstelle der ausgeschriebenen Form verwendet.

- VK: Vorwärtsknoten
- RK: Rückwärtsknoten
- HS: Halber Schlag
- VHS: Halber Schlag vorwärts
- RHS: Halber Schlag rückwärts
- ÜK: Überhandknoten

Rückwärtsknoten (RK)

Alle Rückwärtsknoten (RK) bewegen sich *von rechts nach links.*

1 Führe den am weitesten rechts gelegenen Arbeitsfaden (Hintergrundfarben) über und dann unter den Faden, der direkt links von ihm liegt. Ziehe das Ende des Arbeitsfadens durch die Schlinge, die sich gebildet hat. Festziehen, bis der Knoten fest an der vorigen Knotenreihe sitzt, um einen HS zu knüpfen **(Abb. 3)**. Wird er als RK geknüpft, spricht man von einem halben Schlag rückwärts (RHS).

2 Wiederhole das, indem du einen zweiten RHS mit demselben Arbeitsfaden knüpfst. Ziehe den zweiten RHS fest an den ersten **(Abb. 4)**.

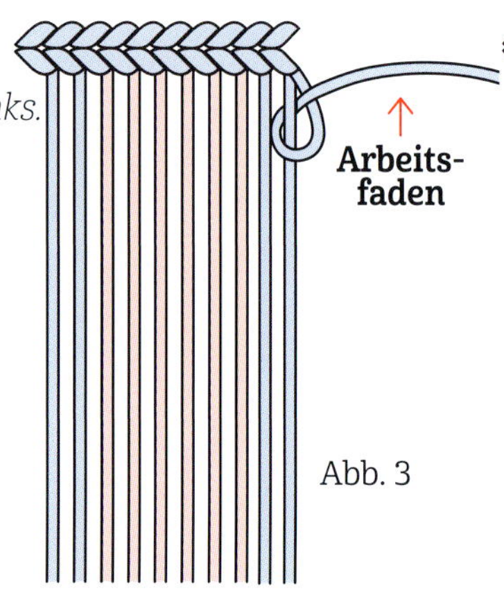

Abb. 3

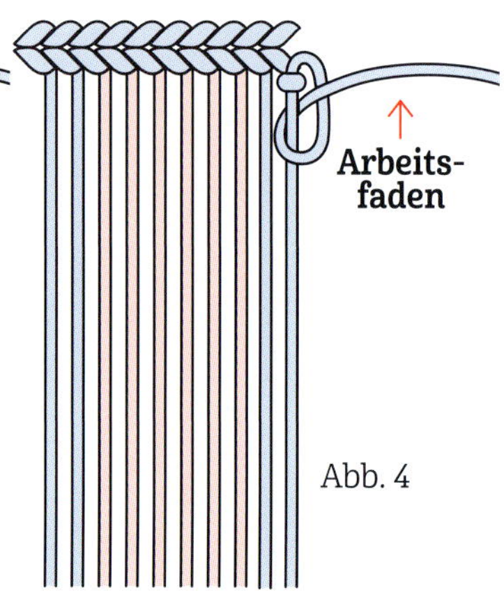

Abb. 4

Überhandknoten (ÜK)

Der Überhandknoten (ÜK) ist ein sehr simpler Knoten, von dem fast jeder weiß, wie er geht. Nimm alle Fäden zusammen als einen Strang und knüpfe einen einfachen Knoten, so wie am Ende eines Fadens für eine handgenähte Näharbeit.

Tipp

Um zu verhindern, dass sich dein Garn während des Knüpfens verheddert, klemme ein Garnende in eine gewöhnliche Wäscheklammer aus Holz oder Plastik. Wickle den Rest des Garns auf die Wäscheklammer und wickle es so ab, wie du es zum Knüpfen benötigst.

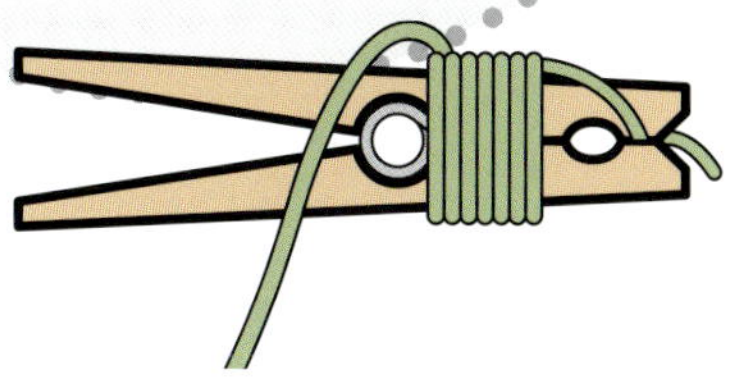

Muster gestalten

Um Muster wie Bilder oder Buchstaben zu gestalten, knote den Motivfaden auf den Hintergrundfaden statt den Hintergrundfaden auf den Motivfaden. Der Vorgang ist gleich wie das Knüpfen von Vorwärts- oder Rückwärtsknoten mit der Hintergrundfarbe, je nachdem, in welche Richtung du gerade arbeitest; allerdings bestimmt bei den Vorwärtsknoten (von links nach rechts), wie du den Faden hältst und festziehst, wie schön deine Knoten werden.

1 Lege den Hintergrundfaden über den Motivfaden. Schlinge den Motivfaden darüber und durch die Schlinge, die sich gebildet hat **(Abb. 5)**.

2 Mit dem Hintergrundfaden in deiner linken und dem Motivfaden in deiner rechten Hand überkreuze deine Hände und ziehe die Fäden so in entgegengesetzte Richtungen, dass der Motivfaden sichtbar ist, während du den Knoten festziehst **(Abb. 6)**. Knüpfe einen zweiten HS in derselben Technik, um deinen VHS fertigzustellen.

3 Um Bilder mit einem RK (von rechts nach links) zu gestalten, leg den Hintergrundfaden über den danebenliegenden Motivfaden. Führe den Motivfaden darüber und dann darunter und durch die Schlinge und ziehe sie fest, sodass die Farbe des Motivfadens beim Knüpfen sichtbar wird **(Abb. 7)**. Knüpfe einen zweiten HRS in derselben Technik, um deinen RHS fertigzustellen.

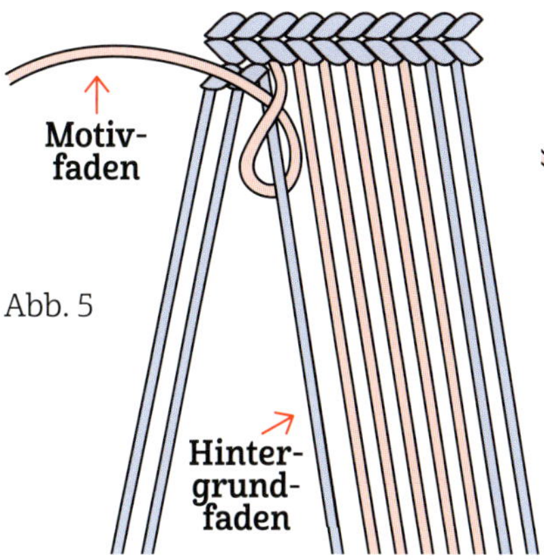

Abb. 5

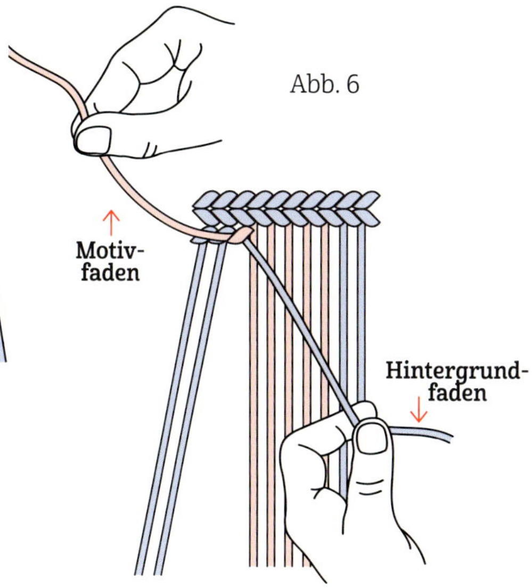

Abb. 6

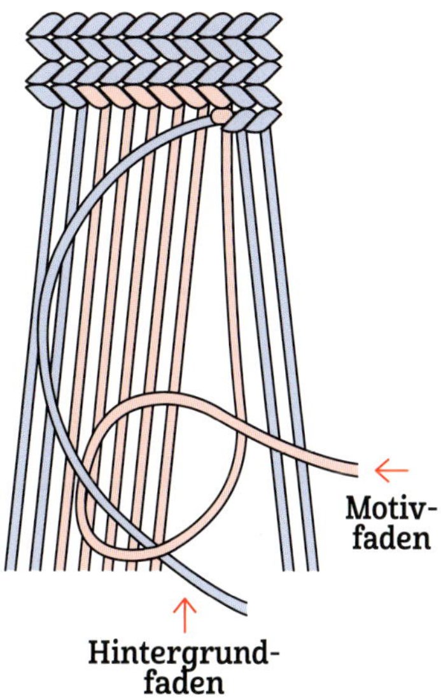

Abb. 7

Ein Armband beginnen

Eines der besten Dinge beim Gestalten von Freundschaftsbändern ist, dass du sie fast überall knüpfen kannst. Du brauchst Klebeband und eine feste Oberfläche für die Anfangsschlinge, aber wenn du das einmal erledigt hast, kannst du dein Armband einfach immer mitnehmen. Ist deine Schlinge fertig, kannst du eine Sicherheitsnadel verwenden, um dein Armband an einem Kissen oder einer anderen weichen Oberfläche (wie dem Hosenbein deiner Jeans) zu befestigen.

Wenn du mit verschiedenfarbigen Fäden arbeitest, die an unterschiedlichen Stellen in deiner Knüpfarbeit nach hinten und vorne gezogen werden müssen, kannst du die Oberseite des Armbands mit einer Stecknadel befestigen und die Fäden, mit denen du gerade nicht arbeitest, darumwickeln, damit sie nicht im Weg sind **(Abb. 1)**. Wenn du das Armband oben mit einem Stück Klebeband an einer harten Oberfläche anbringst, heb die Enden des Klebebands an, um die Fäden, mit denen du nicht arbeitest, zu befestigen **(Abb. 2)**.

Abb. 1

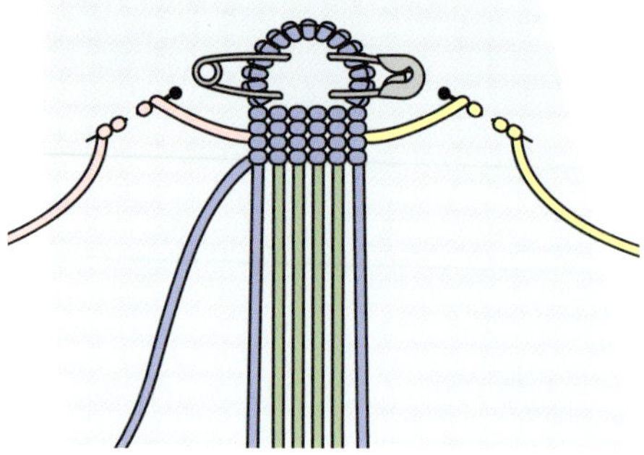

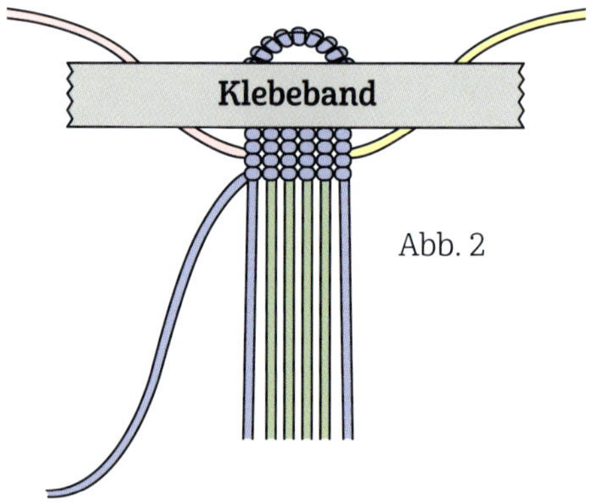

Abb. 2

Tipp

Verwende ein gewöhnliches Ringbuch, um dein Knüpfmaterial aufzubewahren und zu transportieren. Du kannst Garn, Schere, Diagramme und andere Hilfsmittel in den Taschen verstauen und es sogar mit einem Federmäppchen für zusätzlichen Platz ergänzen. Die Ringe der Mappe sind perfekte Halterungen für deine Anfangsschlinge, wenn du weiterknüpfen willst.

Material

- Wenn du ein Diagramm für breite Armbänder verwendest, schneide vier Fäden zu je 122 cm in der Motivfarbe zu.
- Schneide für eine einzelne Randspalte einen 122 cm langen Faden in der Hintergrundfarbe zu (oder schneide zwei 122 cm lange Fäden für einen zweireihigen Rand zu.)
- Grundlegende Ausrüstung (siehe Seite 5)

Anfangsschlinge

Die folgenden Schritte sind für ein Armband mit gerader Spaltenanzahl gedacht. Wenn du für dein Armband eine ungerade Zahl brauchst, kannst du dieser Anleitung dennoch folgen. In den letzten Schritten kommst du zu der ungeraden Zahl, die du brauchst.

1 Bestimme die Anzahl an Fäden, die du brauchst, und schneide dein Garn zu. Lege die Fäden zusammen auf und finde die Mitte, indem du sie in der Hälfte faltest **(Abb. 3a)**. Vergewissere dich, dass die beiden Randfäden für einen zweispaltigen Rand **(Abb. 3b)** oder der eine Randfaden für eine einzelne Randspalte links liegt **(Abb. 3c)**.

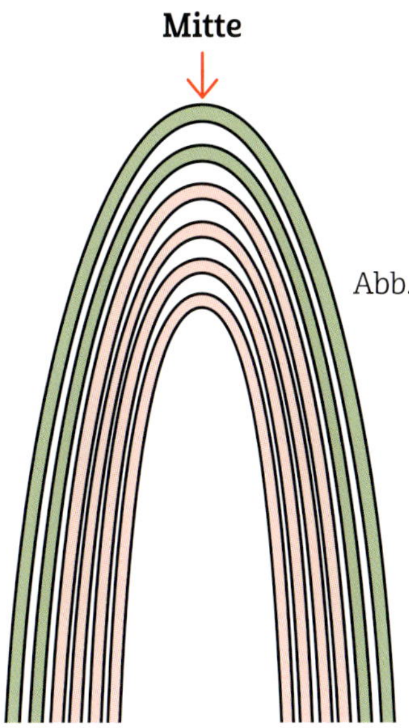

Abb. 3a

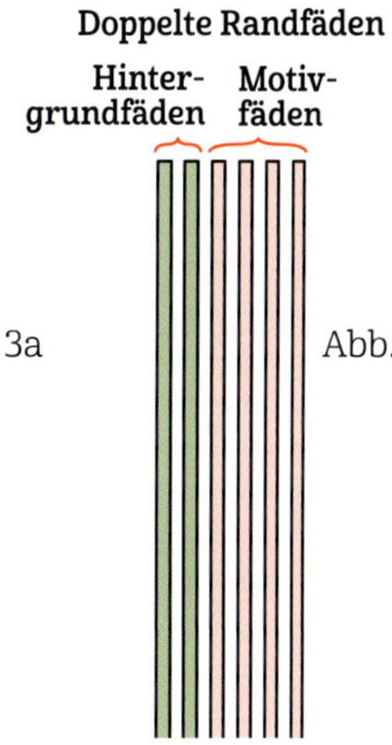

Abb. 3b

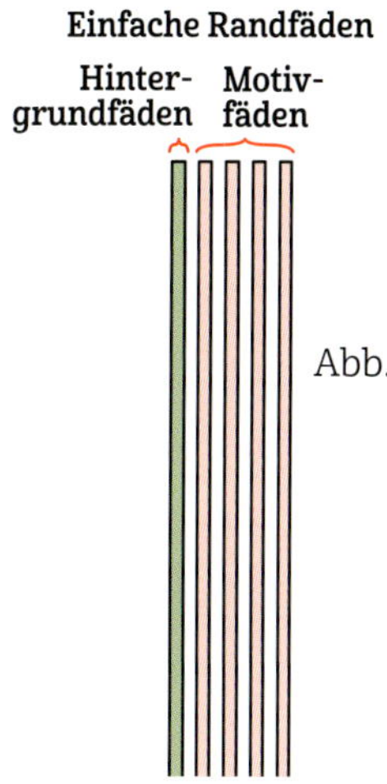

Abb. 3c

Die Illustrationen ab Schritt 3 bis zum Ende zeigen nur ein Armband mit zwei Randfäden.

2 Klebe die Fäden auf einer harten Arbeitsoberfläche fest, sodass die Unterkante deines Klebebands ca. 1,5 cm über dem Mittelpunkt liegt, den du in Schritt 1 gefunden hast. Ziehe die linke Seite des Klebebands hoch und bringe den Anfangsfaden deiner Arbeitsfäden auf die linke Seite der Fäden, mindestens 2,5 cm über der Oberkante des Klebebands. Wieder festkleben **(Abb. 4)**.

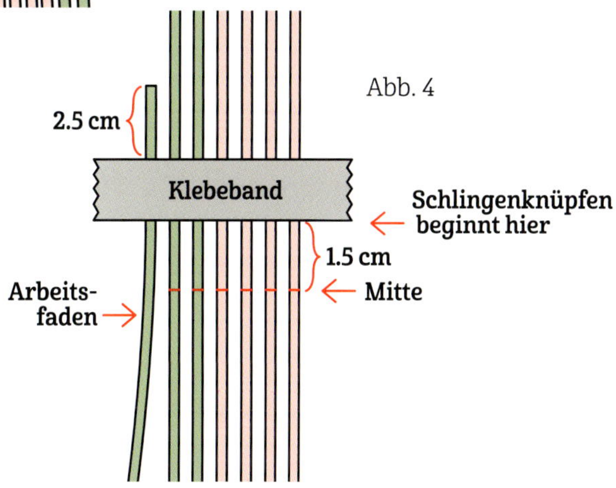

Abb. 4

3 Knüpfe mit dem Arbeitsfaden einen VHS über alle Fäden und ziehe ihn gut fest **(Abb. 5a)**. Knote dann einen zweiten VHS über alle Fäden **(Abb. 5b)**. Knüpfe einen RHS über alle Fäden und befestige sie **(Abb. 5c)**. Für eine kleinere Schlinge wechsle weiterhin VHS und RHS über 2 cm ab (oder 2,5 cm für eine größere Schlinge) **(Abb. 5d)**.

Schlage unter Grundknoten auf Seite 12 für detaillierte Anleitungen zu jedem Knoten und die Abkürzungen nach.

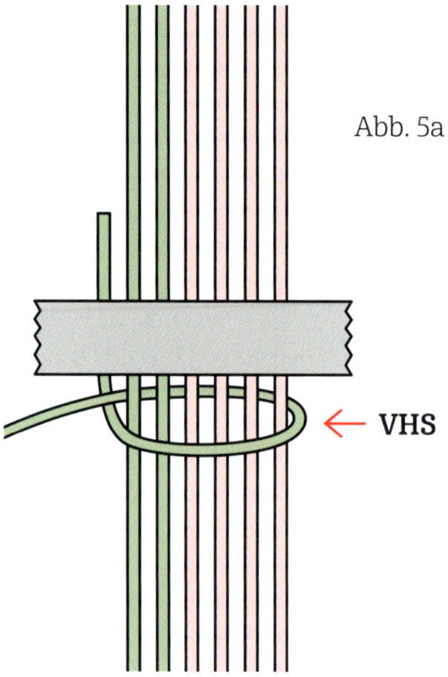

Abb. 5a

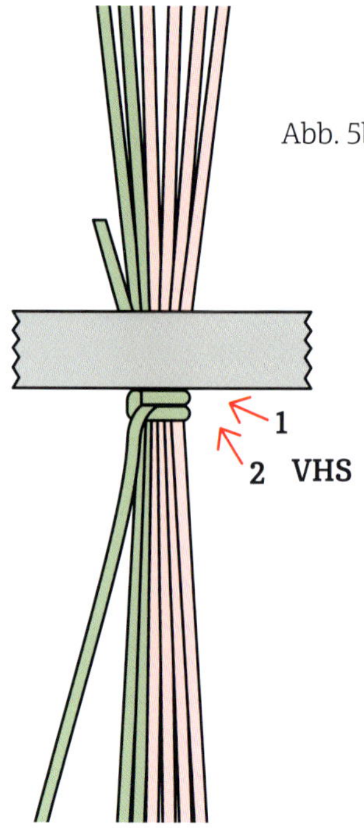

Abb. 5b

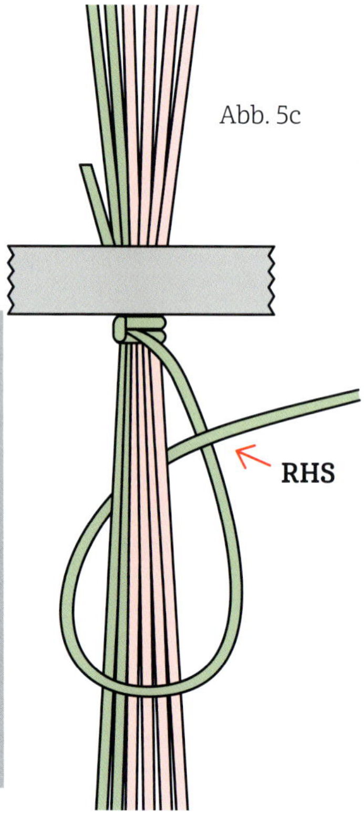

Abb. 5c

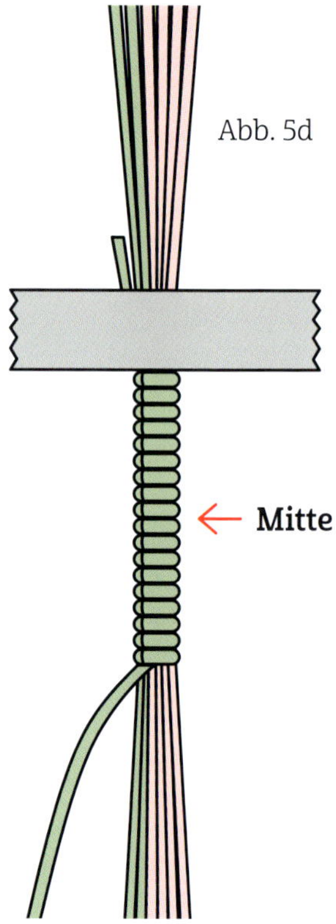

Abb. 5d

Tipp

Manche Menschen machen Knoten natürlicherweise fester und manche knüpfen lockerer. Solange die Knoten gut befestigt und einheitlich sind, ist beides richtig. Eine einheitliche Spannung macht ein hübsches Armband aus.

Schlingenlängen

Diese Tabelle zeigt die Länge der Schlinge, wenn sie gerade gezogen und glatt aufgelegt wird, die ungefähre Anzahl der benötigten HS und wie viel dein Armband in der Gesamtlänge an der Schlingengröße gewinnt.

Schlingengröße	Schlingenlänge (geglättet)	Knotenanzahl (ca.)	zusätzliche Länge
Klein	2 cm	20 Knoten	0,6 cm
Groß	2,5 cm	30 Knoten	1,3 cm

4 Entferne das Klebeband und falte das Band so, dass die geknotete Schlaufe gleichmäßig und der Mittelpunkt oben liegt **(Abb. 6)**. Achte darauf, dass deine Fäden unten ungefähr gleich lang sind. Sollte eine Seite merklich länger sein als die andere, halte alle Fäden (außer dem Arbeitsfaden) fest und verschiebe den geknüpften Schlaufenteil vorsichtig, bis er mittig auf deinen Fäden liegt.

5 Befestige die Schlaufe mit Klebeband auf einem Brett oder einer Nadel an der ausgewählten Oberfläche und beginne, das Armband gemäß dem Design zu knüpfen. Beginne bei Motiven mit einer ungeraden Spaltenanzahl mit dem Knüpfen über den ersten Randstrang, knüpfe dann über zwei oder drei einzelne Motivfäden. Verknote die nächsten zwei Motivfäden zu einem Strang **(Abb. 7)** zusammen. Beende die Reihe, indem du die restlichen Fäden einzeln verknüpfst. Dein Arbeitsfaden am Armbandrand ist nun kürzer; du solltest diesen Faden über ein paar Reihen mit Hintergrundknoten befestigen, bevor du das, was zu viel ist, abschneidest.

6 Wenn du einige Reihen geknüpft hast, kannst du einen der doppelten Motivfäden aus Schritt 5 abschneiden, damit du die benötigte Fadenanzahl für dein Motiv hast **(Abb. 8)**.

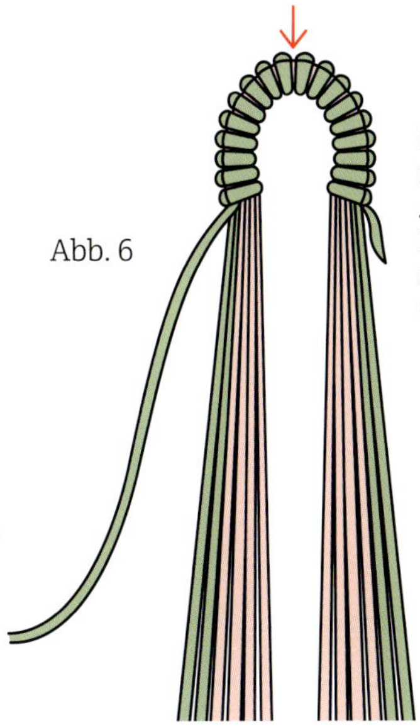

Abb. 6

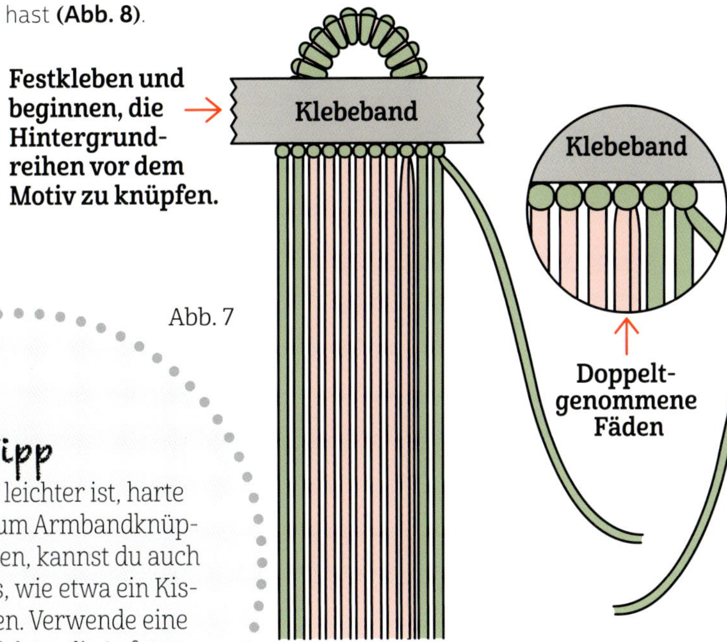

Abb. 7

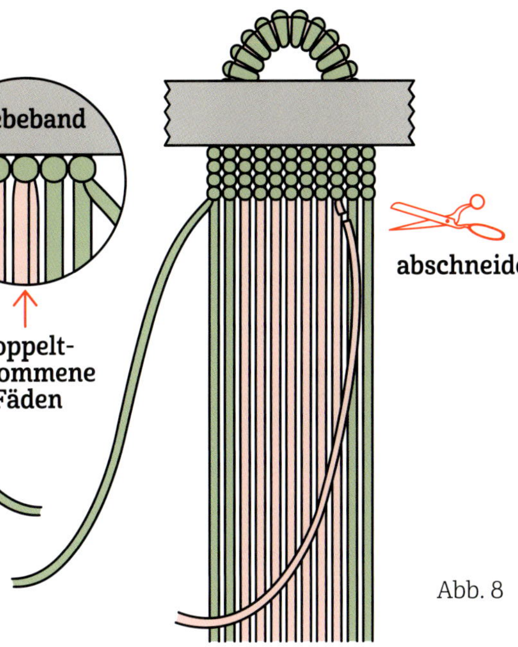

Abb. 8

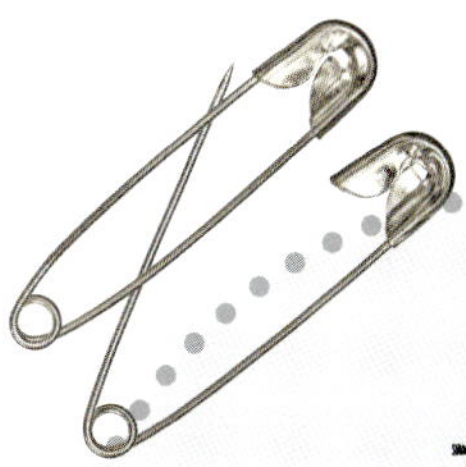

Tipp

Auch wenn es leichter ist, harte Oberflächen zum Armbandknüpfen zu verwenden, kannst du auch etwas Weiches, wie etwa ein Kissen, verwenden. Verwende eine Sicherheitsnadel, um die Anfangsschlinge anzubringen.

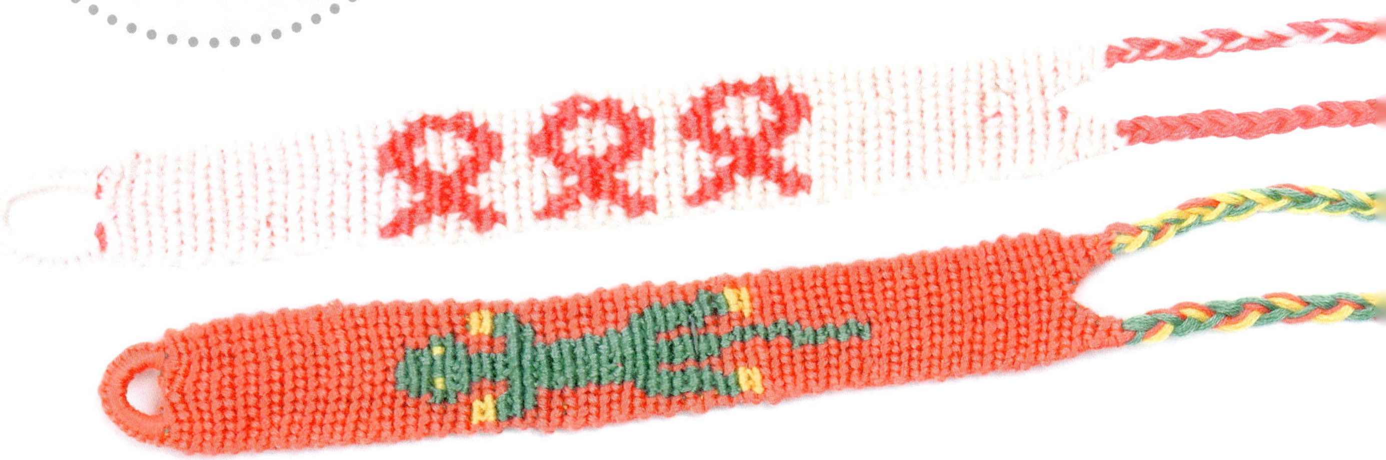

Motivfäden und Farbwechsel

Da du dein Garn anordnest, bevor du die Anfangsschlinge machst, hängt die Art, wie du ein Armband angehst, von deinem gewählten Muster ab - wie viele Farbwechsel kommen vor, wie ist es im Diagramm aufgezeichnet und wie möchtest du arbeiten?

Dieser Abschnitt behandelt vier verschiedene Ansätze und Schwierigkeitsgrade. Eventuell ertappst du dich dabei, dass du eine Kombination dieser Techniken in einem einzigen Armband anwendest, aber diese vier Ansätze sollten jedes Armbanddesign abdecken.

Einfache Armbänder

Einfache geometrische Armbänder oder Buchstabenarmbänder mit nur zwei Farbfäden können vor dem Knüpfen so angeordnet werden, dass die Farbe, die in deinem Diagramm auftaucht, den Garnfarben entspricht, die du für deine Motivfäden ausgewählt hast. Als Erklärungshilfe dieser Technik stell dir vor, du arbeitest an einem grünen Motiv auf blauem Hintergrund.

1. Schneide deinen Randfaden zu **(Abb. 1)**. Du musst nur zwei grüne Fäden und einen blauen Hintergrundfaden zuschneiden.

2. Ordne die blauen und grünen Fäden an **(Abb. 2a)**. Wenn du deine Anfangsschlinge machst (siehe Seite 7) und sie in der Mitte faltest, hast du je einen blauen Hintergrundfaden am Rand auf jeder Seite und grüne Motivfäden in der Mitte **(Abb. 2b)**. Folge einfach dem Musterdiagramm. Solange du die Fäden am Anfang lang genug zuschneidest, solltest du keine zusätzlichen Fäden oder Farben hinzufügen müssen.

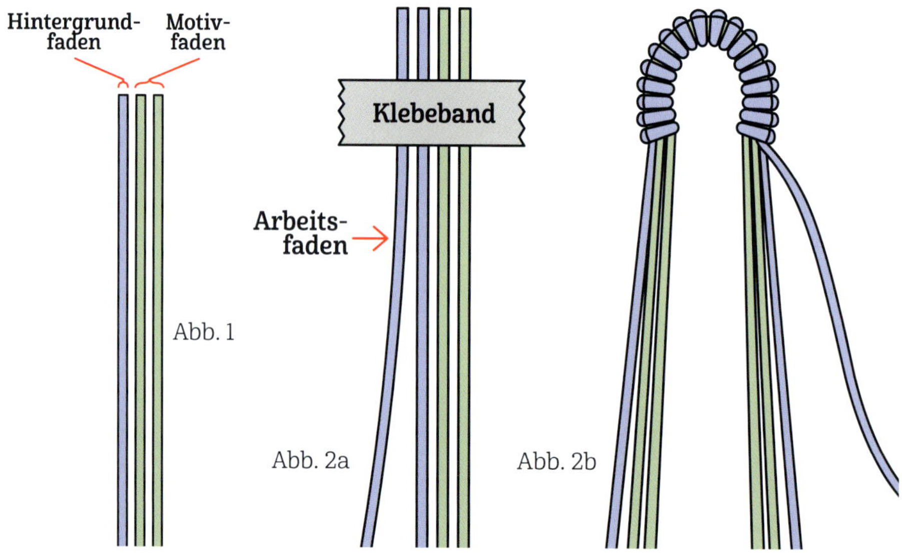

Abb. 1 Abb. 2a Abb. 2b

Mittelschwere Armbänder

Für Muster mit ein paar einfachen Farbwechseln kannst du wählen, ob du dein Motiv in nur einer Farbe knüpfen möchtest und dann zurückkehrst, um darüber zu sticken oder mit dem Maschenstich zu bedecken (siehe Seite 27). Wenn du lieber alle Details deines Musters knüpfst, verwende schwebende Fäden, also Fäden, die du in die obere Schlinge einarbeitest.

Diese Technik funktioniert am besten, wenn du dich für ein Motiv entscheidest, in dem sich nur zwei Farben in denselben Spalten abwechseln. Das Salamandermotiv hat insgesamt zwölf Spalten – je eine am Rand auf jeder Seite und zehn Motivspalten **(Abb. 3)**. Gelb und Grün werden abwechselnd in den Spalten 2, 3, 4, 8, 10 und 11 verwendet. Wenn du mit einem doppelt genommenen Fadenpaar in Gelb und Grün knüpfst, knüpfe mit dem grünen Faden für den Salamander und lass den gelben hängen (sie werden mitgeführt). Dann knüpfe mit dem gelben Faden die Details und lass den Grünen hängen.

1 Schneide einen Faden in der Hintergrund- bzw. Randfarbe und fünf grüne Fäden zu. Das ergibt zehn Fäden für den Salamander. Schneide drei gelbe Fäden für die kleinen Details zu **(Abb. 4a)**. Wenn du die Fäden anordnest, um die Anfangsschlinge zu binden, lege je einen gelben Faden neben die grünen Fäden Nummer 1, 2 und 4 (in einem Diagramm sind das die Spalten 2, 3 und 5) **(Abb. 4b)**.

2 Mach die Anfangsschlinge und falte das Armband in der Mitte. Anstatt der zwei Hintergrundfäden und der zehn grünen Motivfäden hast du nun 16 Motivfäden (zehn grüne, sechs gelbe) **(Abb. 5a)**. Trotzdem wirst du nur über die insgesamt zwölf Reihen knüpfen (zwei Rand- und zehn Motivfäden). Wie kommt das? Anstatt über einen einzelnen Faden in den Reihen 2, 3, 5, 8, 10 und 11 zu knüpfen, knüpfst du den Arbeitsfaden mit dem grünen und dem gelben Faden zusammen. **(Abb. 5b)**

3 Wenn du beim gelben Knoten im Diagramm ankommst, musst du einfach mit dem gelben Faden über die Rand- bzw. Hintergrundfarbe knüpfen **(Abb. 6)**. Für die nächste Spalte wechselst du wieder zum grünen Faden, um die Knoten für den Salamanderkörper für den Rest dieser Reihe zu vervollständigen. Sobald du mit der Detailfarbe für die gesamte Reihe – in diesem Fall Gelb – fertig bist, knüpfe über mehrere Reihen über den doppelten Faden und führe ihn als Hintergrundknoten. Du kannst ihn entweder abschneiden oder bis zum Ende des Armbands doppelt halten und nutzen, um breitere Zöpfe zu flechten.

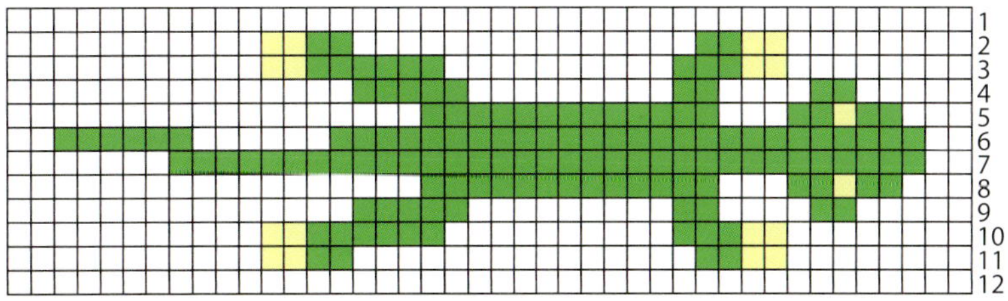

Abb. 3

Abb. 4a
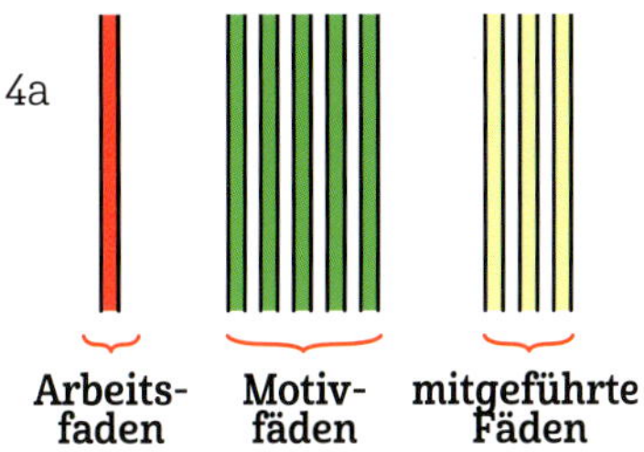

Abb. 4b
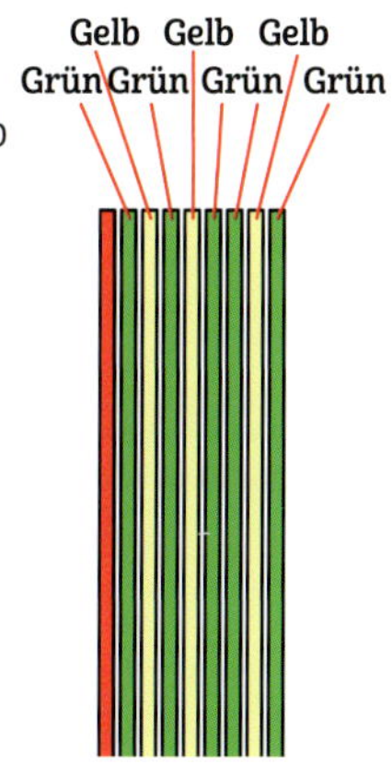

Abb. 5a
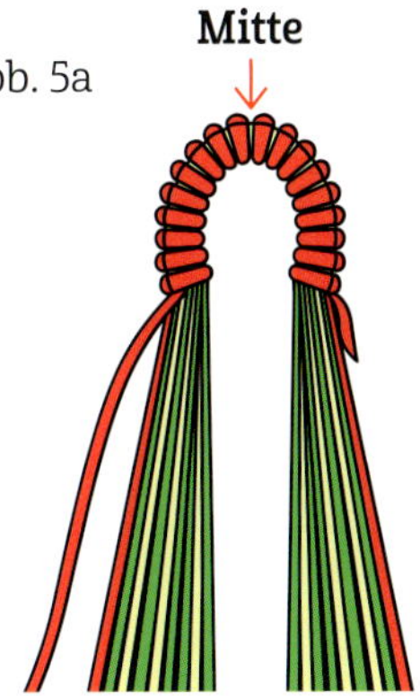

Abb. 5b
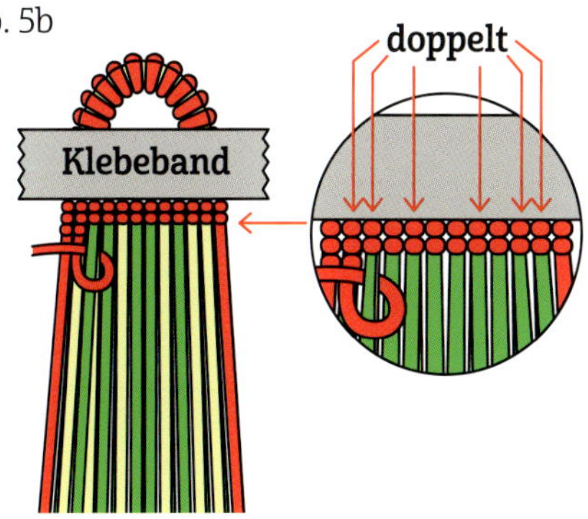

Tipp

Das Garn vergibt recht viel und das Knüpfen über einen doppelten Faden hat keinen Einfluss auf das Muster auf der Vorderseite. Es entsteht nur ein ganz leichter Kanal auf der Rückseite des Armbands.

Abb. 6
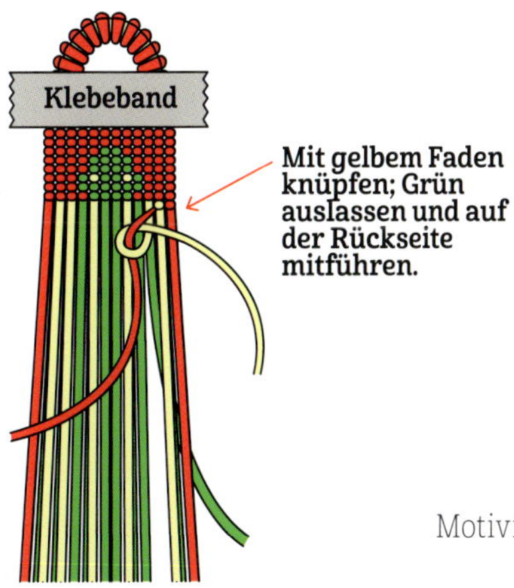

Schwierige Armbänder

Motivarmbänder für Fortgeschrittene haben mehrere verschiedene Garnfarben, oft in einer Spalte des Musters. Obwohl es verschiedene Wege gibt, diese Technik zu meistern, ist es am besten, eine neue Farbe an einem vorhandenen Faden auf der Rückseite des Armbands mit Klebeband zu befestigen. Folge dieser Anleitung, um die Technik in all ihren Details zu erlernen.

1 Sondere den bestehenden Faden ab **(Abb. 1a)**. Knicke ihn auf die Rückseite des Armbands und befestige ihn mit einem kleinen Stück Klebeband **(Abb. 1b)**.

2 Achte darauf, dass der neue Faden lang genug ist, um alle Stellen des Armbands fertigstellen zu können, die du in dieser Farbe knüpfen musst. Lass ein ca. 8 cm langes Ende stehen und klebe ihn an die Rückseite deines Armbands; dabei in Linie mit dem alten Faden anordnen. **(Abb. 2)**. Du musst ihn nicht festbinden.

3 Knüpfe das Armband in der neuen Farbe weiter, wie im Diagramm beschrieben. Je nach Design musst du vielleicht den neuen Faden auf die Rückseite des Armbands ziehen, damit er nicht im Weg und befestigt ist. Bringe den ursprünglichen Faden wieder an seinen Platz und wechsle hin und her, je nachdem, was das Diagramm beschreibt.

4 Während du dich durch das Diagramm knüpfst, kannst du je nach Bedarf Farben hinzufügen; folge dazu einfach den Schritten 1 bis 3.

5 Meistens endet das Armband nach dem Motivabschnitt mit einigen Reihen mit dem Hintergrundfaden, gleich wie am Anfang des Armbands. Du kannst an dieser Stelle etwaige neue Farbfäden an ihrem Platz lassen und über sie knüpfen, um das Armband und die Bänder fertigzustellen. Achte dabei darauf, dass sie lang genug sind **(Abb. 3)**. Die Farbe spielt keine Rolle, da der Arbeitsfaden sie verdeckt.

6 Entferne vorsichtig das Klebeband von der Rückseite des Armbands, wo du neue Fäden eingeführt hast. Verknote die losen Enden und betupfe sie mit Fransenstopp. Für zusätzliche Sicherheit vernähe die Garnenden auf der Rückseite, bevor du den überschüssigen Faden abschneidest. (Siehe *Enden vernähen* auf Seite 25.)

Wenn deine letzten Farbfäden nicht lang genug sind, falte sie auf die Unterseite deiner Arbeit und befestige sie, ziehe deine ursprünglichen Motivfäden zurück in Position und verknote das Armband schließlich. Achte nur darauf, dass du über die gleiche Fadenanzahl knüpfst, mit der du begonnen hast.

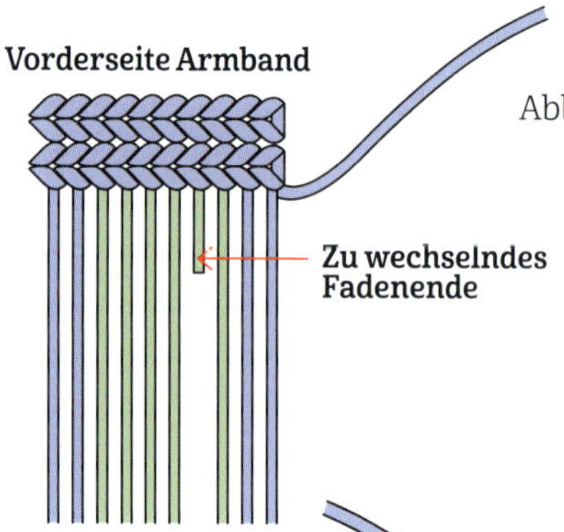

Abb. 1a

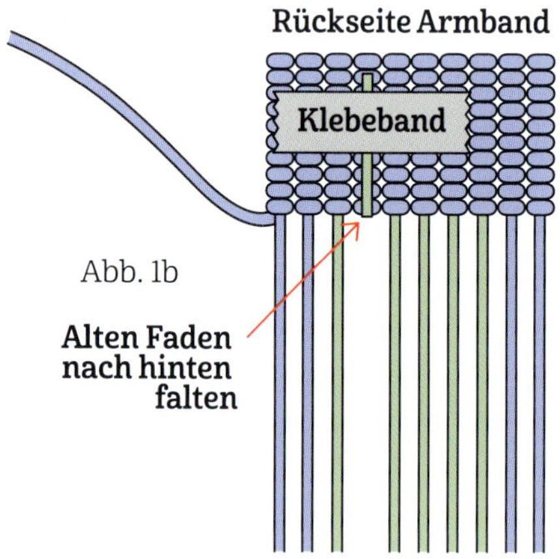

Abb. 1b

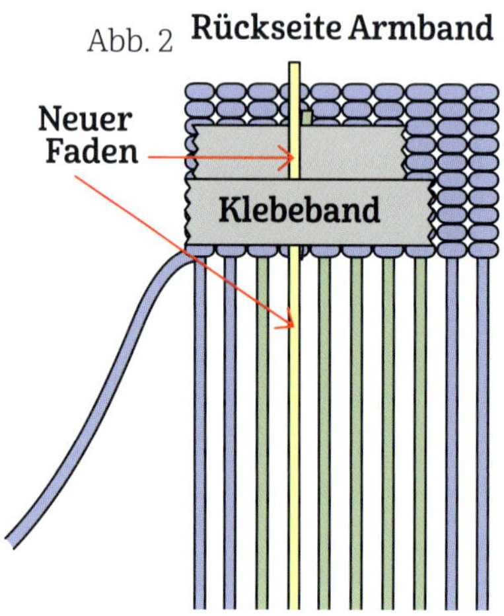

Abb. 2

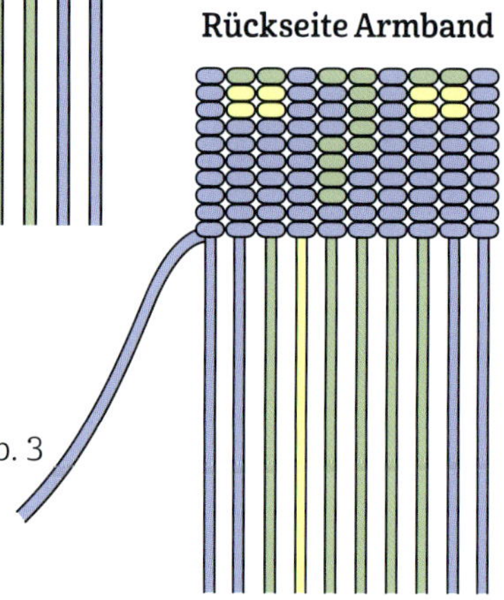

Abb. 3

Bunte Armbänder

Um zusätzliche Farbwechsel, die nicht unbedingt notwendig sind, zu vermeiden, sieh dir dein Diagramm an, bevor du beginnst, und lege fest, welche Farben zuerst eingeknüpft werden. Ich verwende hier ein Eulenmuster als Beispiel für diese Technik.

1 Für die Eule knüpfst du zwölf Spalten, schneide also sechs Fäden zu je 122 cm zu **(Abb. 4a)**: Einen Rand- oder Hintergrundfaden aus blauem Garn (eingesetzt in Reihe 1), einen Faden in Beige (eingesetzt in Reihe 2 und 11) und vier Fäden in Braun (eingesetzt in Reihe 8) **(Abb. 4b)**. So knüpfst du erst den ganzen Flügel und dann den hellbraunen Körper.

2 Da dieses Muster von der Mitte aus zu jeder Seite hin identisch ist, falte nach dem ersten Flügel die braunen bzw. grauen Fäden nach hinten oben und stecke oder klebe sie so fest, dass sie dir nicht im Weg sind **(Abb. 5a)**. Hast du einmal die helleren Fäden **(Abb. 5b)** hinzugefügt und den Körper der Eule fertiggestellt, falte diese auf der Rückseite nach oben und bring die braunen Fäden wieder nach vorne herunter.

3 Es gibt zwei Arten, den Schnabel und die Details für die Augen anzubringen. Erstens durch Einarbeiten von gelben und orangen Fäden auf dieselbe Weise wie die beigen Fäden, indem du diese nach hinten oben und wieder zurückklappst, wie du es brauchst. Zweitens, indem du den Eulenkörper vollständig in Beige knüpfst und das Auge und den Schnabel nach Fertigstellung mit dem Maschenstich aufstickst (siehe Seite 27).

Abb. 4a

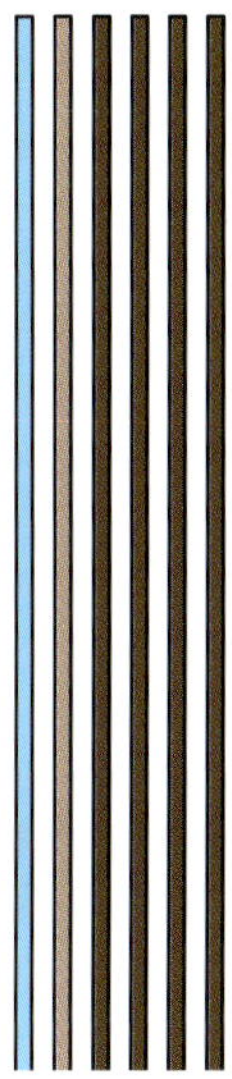
Abb. 4b

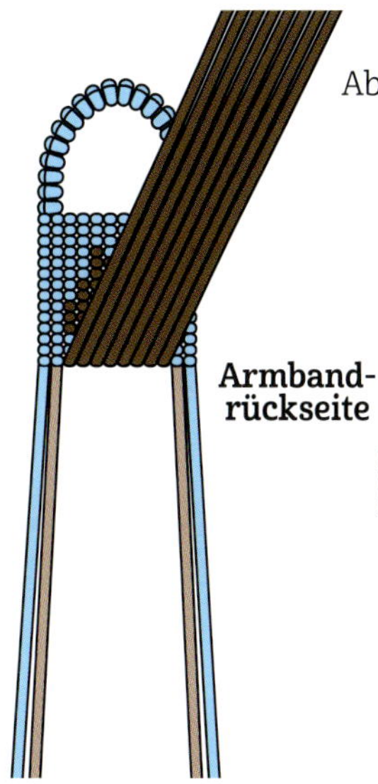

Abb. 5a

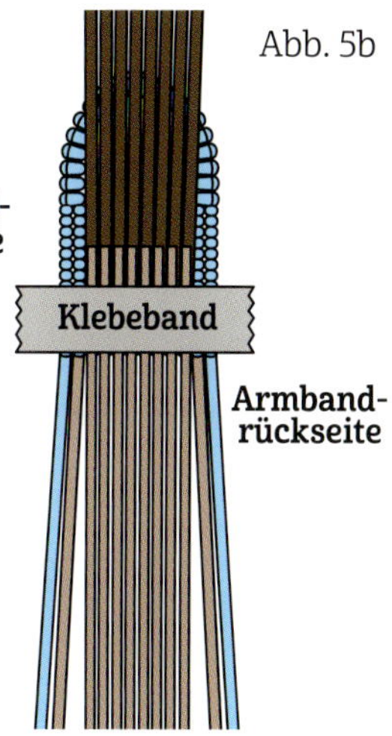

Abb. 5b

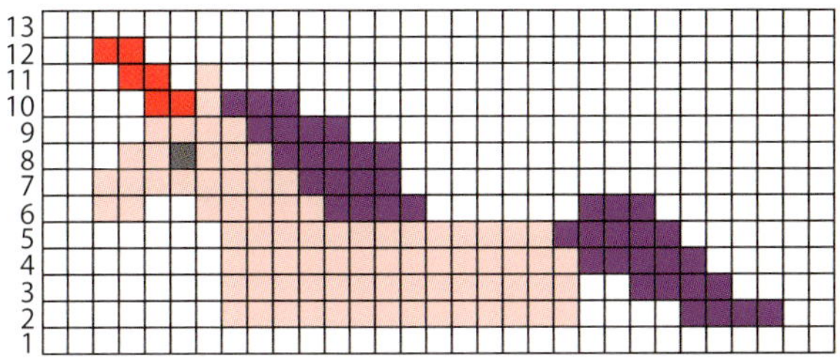

Abb. A

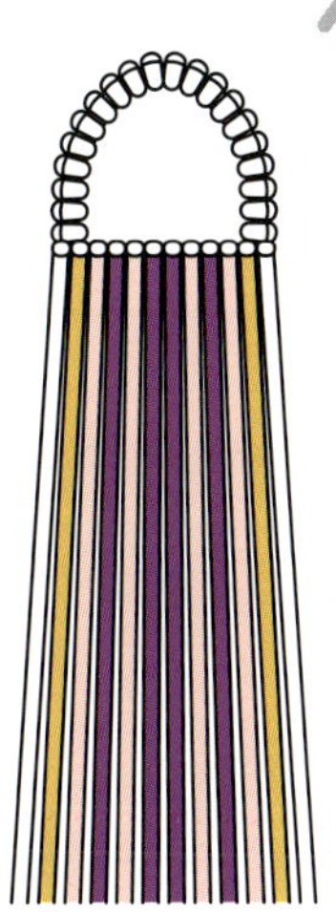

Abb. B

Farben hinzufügen - alternative Methode

Es ist nicht immer sonderlich hilfreich, die zuerst eingearbeitete Farbe abzuschneiden, ganz besonders, wenn es sich nur um einen kleinen Teil des Musters handelt, wie etwa das orangefarbene Horn in der Einhornillustration.

Das orangefarbene Horn wird mit dem 12. Faden begonnen **(Abb. A).** Nehmen wir an, du schneidest einen langen orangen Faden am Anfang mit den anderen Farben zu. Wenn du deine Schlinge gemacht und die Fäden halbiert hast, hättest du einen orangen Faden am Faden Platz Nummer 2 anstelle des rosa Fadens, den du dort benötigst. Schlussendlich müsstest du ihn gegen Rosa eintauschen (**Abb. B**).

In diesem Fall ist es besser, die rosa Fäden für die Basis des Armbands zuzuschneiden und eines der folgenden drei Dinge zu machen:

- Erstens kannst du die Farben so einarbeiten, wie du sie brauchst, indem du sie einklebst und abschneidest, wenn du fertig bist.
- Zweitens kannst du Doppelfäden für das Horn zuschneiden und als einen verknüpfen, wie in der Technik für mittelschwere Armbänder gezeigt (siehe Seite 19).
- Drittens kannst du das Horn und das Auge mit dem Maschenstich aufsticken (siehe Seite 27).

Ein Armband fertigstellen

Freundschaftsbänder können auf drei unterschiedliche Weisen fertiggestellt werden. Die Art, die du wählst, hängt von der Größe des Armbands und deinen persönlichen Vorlieben ab.

Möglichkeit 1

Diese Möglichkeit ist gut für jede Armbandbreite geeignet.

1 Teile die Fäden am Ende des Armbands in zwei Gruppen. Eine Seite besteht aus dem Arbeitsfaden und den nächsten drei Fäden. Die zweite Gruppe besteht aus den verbleibenden vier Fäden. Flechte die linke Fadengruppe und behandle einmal zwei Fäden, als wären sie nur einer **(Abb. 1)**. Für die rechte Gruppe wiederholen.

2 Befestige jeden Zopf mit einem ÜK. Den überschüssigen Faden abschneiden **(Abb. 2)**.

Abb. 1

Abb. 2

Reste aufheben

Du wirst viele Reste vom Zuschneiden von Fäden oder Garnenden haben, etwa von Armbändern mit ungeraden Fadenzahlen. Wirf sie nicht weg! Stattdessen behalte sie und sortiere sie nach Farbe in kleinen Zipper-Beuteln. So hast du vielleicht schon ein fertig zugeschnittenes Stück Faden in der richtigen Länge, wenn du eine Farbe bei einem anderen Armband hinzufügen musst.

Möglichkeit 2

Diese ist gut geeignet bei Armbändern mit neun oder mehr Fäden.

1 Teile die Fäden am Ende des Musters in zwei gleich große Gruppen (manchmal hat eine Seite einen Faden weniger). Bei neunfädigen Armbändern hast du vier Fäden auf einer Seite (plus den Arbeits-/Hintergrundfaden) und fünf Fäden auf der anderen Seite. Beginne an einer Seite und teile die Fäden in drei Gruppen: zwei Gruppen zu je zwei Fäden und der äußerste einfache Faden.

1 Knüpfe zwei ÜK mit dem äußersten Faden über die ersten zwei Fäden **(Abb. 3)**, dann über die zweiten zwei Fäden und arbeite dann auf dieselbe Weise wieder zurück in die entgegengesetzte Richtung. ÜK für 3 Reihen. **(Abb. 4)**

2 Teile die Fäden erneut in drei Abschnitte und flechte sie etwa 7,5–10 cm lang. Einen ÜK ins Ende des geflochtenen Strangs knüpfen und das Ende fransig zuschneiden **(Abb. 5)**. Wiederhole alle Schritte auf der anderen Seite.

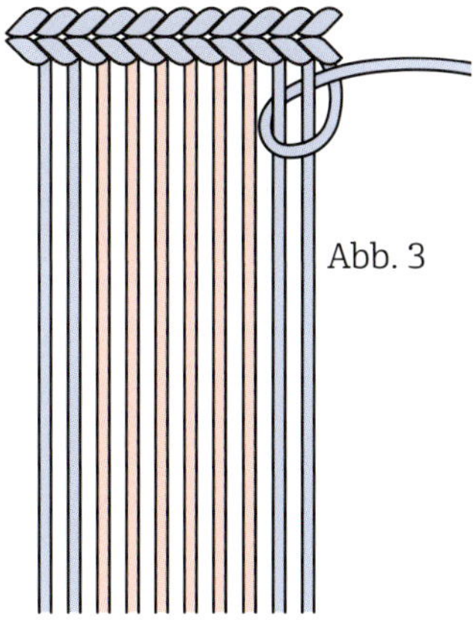

Abb. 3

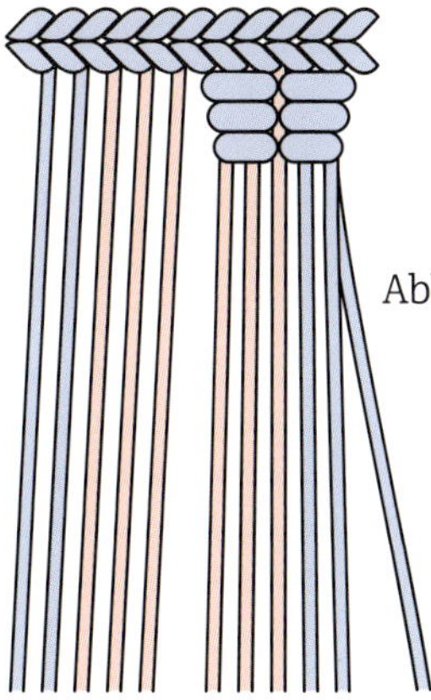

Abb. 4

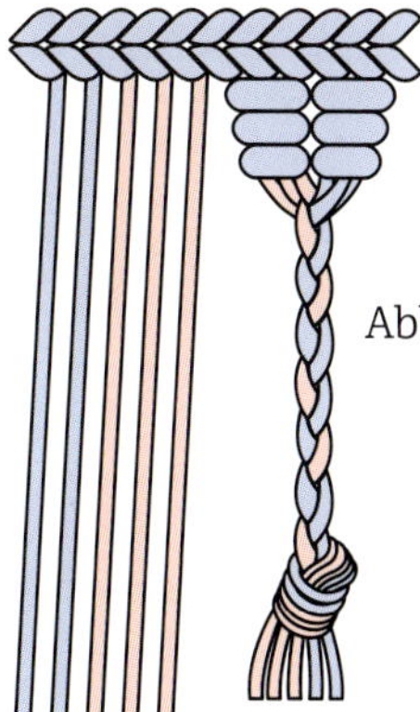

Abb. 5

Möglichkeit 3

Die Enden eines Armbands dreieckförmig spitz zulaufen zu lassen, ist eine hübsche Option für ein breiteres Armband, aber du musst im Hinterkopf behalten, dass das Armband dann länger wird, abhängig davon, wo du mit dem Verschmälern beginnst.

1 Knüpfe eine Reihe VK und eine Reihe RK, immer über jeweils einen Faden **(Abb. 6)**.

2 Knüpfe eine Reihe VK und eine Reihe RK, jeweils über zwei Fäden. Bei einer ungeraden Fadenanzahl werden in einer Knotengruppe immer drei Fäden gleichzeitig geknüpft **(Abb. 7)**.

3 Teile die Fäden in insgesamt drei Gruppen und knüpfe eine Reihe VK und eine Reihe RK **(Abb. 8)**.

4 Teile die Fäden in zwei gleiche Gruppen und flechte sie. Verknote die Enden mit einem ÜK und schneide das Garn so zu, dass gerade Fransen entstehen **(Abb. 9)**.

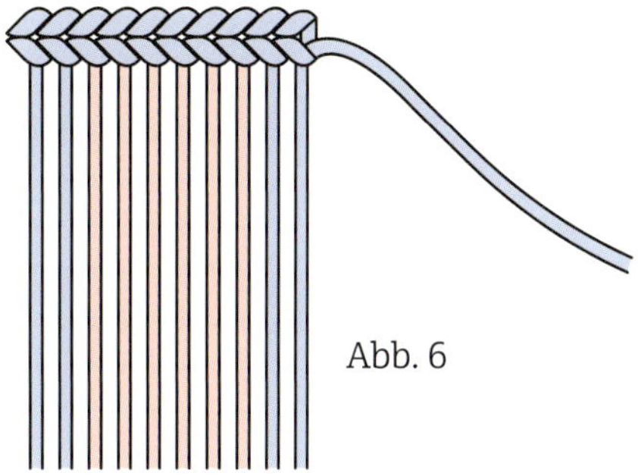

Abb. 6

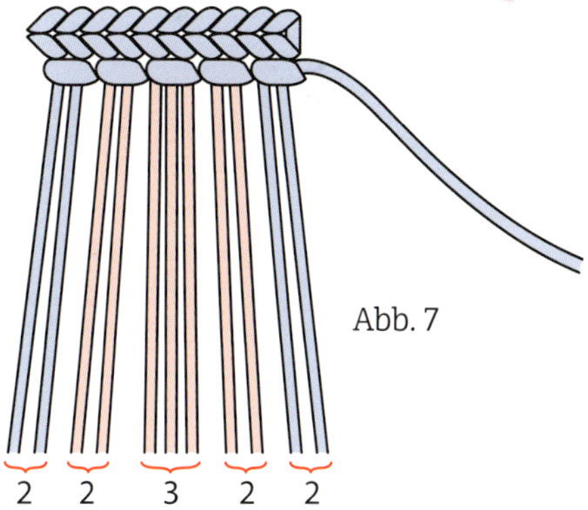

Abb. 7

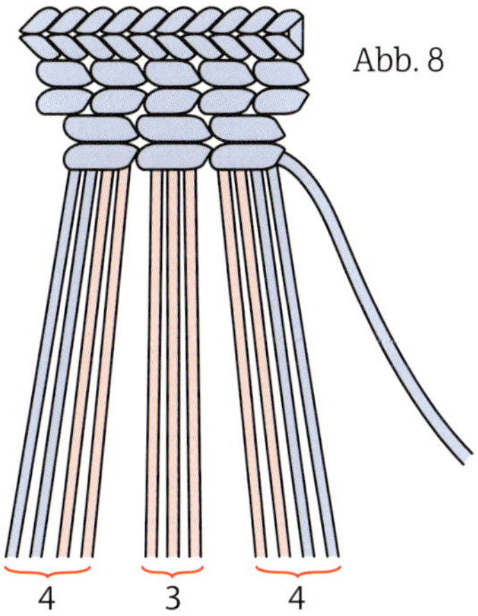

Abb. 8

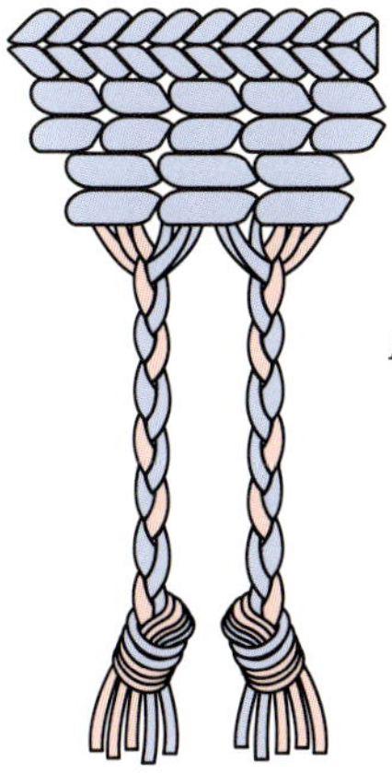

Abb. 9

Troubleshooting

Diese hilfreichen Tipps und Problemlösungen für häufig gestellte Fragen und Schwierigkeiten helfen dir auf deiner Knüpfreise, damit du die schönsten Armbänder gestalten kannst.

Musterdiagramme lesen

Jedes Quadrat auf einem Diagramm entspricht einem VK oder einem RK. Es passiert leicht, dass man versehentlich eine Reihe überspringt und damit das Muster durcheinanderbringt, ganz besonders dann, wenn du deine ersten Motiv-Armbänder knüpfst. Um nicht den Faden zu verlieren, kopiere dein Diagramm oder drucke es aus und markiere jede Zeile mit Bleistift, wenn du sie fertiggestellt hast. Wenn du direkt mit den Buchseiten arbeitest, verwende eine Haftnotiz und verschiebe sie Zeile für Zeile, wenn du fertig bist.

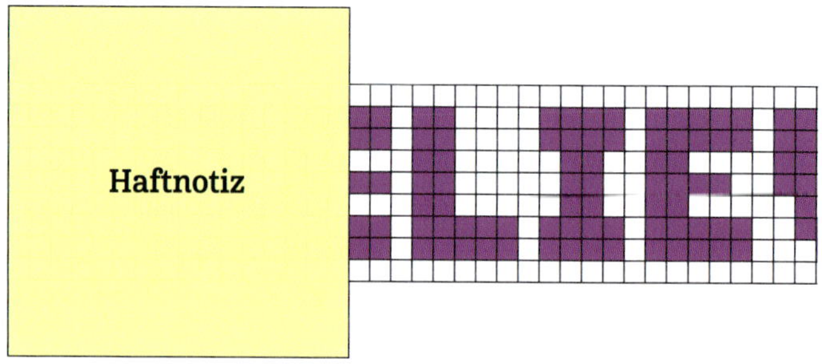

Einen Faden ersetzen/hinzufügen

Wenn dir beim Knüpfen eine Farbe ausgeht oder ein Faden ausfranst und reißt, musst du einen neuen einarbeiten. Durch das Anknüpfen eines neuen Fadens an den bereits vorhandenen ziehen die Fäden manchmal nach rechts und hinterlassen eine unschöne Beule. Probiere stattdessen diese Klebeband-Methode aus, die viel besser funktioniert.

1 Isoliere deinen kurzen Faden **(Abb. 1)**. Falte ihn auf der Rückseite des Armbands nach oben; lasse möglichst ein 7,5 cm langes Ende stehen (oder so lang, wie der Faden noch ist). Mit einem kleinen Stück Klebeband festkleben **(Abb. 2)**.

2 Nimm einen neuen Faden in der passenden Farbe, vergewissere dich, dass er lang genug ist, sodass du dein Armband fertig knüpfen kannst, plus zusätzliche 7,5 cm für das Garnende. Klebe ihn direkt über das mit Klebeband versehene Ende des alten Fadens an der Rückseite deines Armbands (du klebst also noch eine „Schicht" Klebeband auf und richtest den neuen Faden in der Lücke des alten ein) **(Abb. 3)**. Du brauchst die beiden Enden nicht zu verknoten.

3 Knüpfe das Armband mit dem neuen Faden weiter. Sobald du dein Armband fertiggestellt hast, kannst du das Klebeband vorsichtig entfernen, die Enden verknoten und mit Fransenstopp betupfen. Vernähe die Enden für zusätzliche Sicherheit auf der Rückseite, bevor du das überschüssige Garn abschneidest.

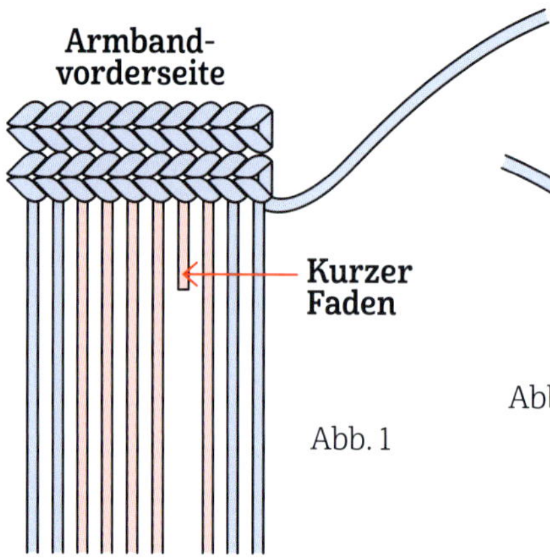

Abb. 1

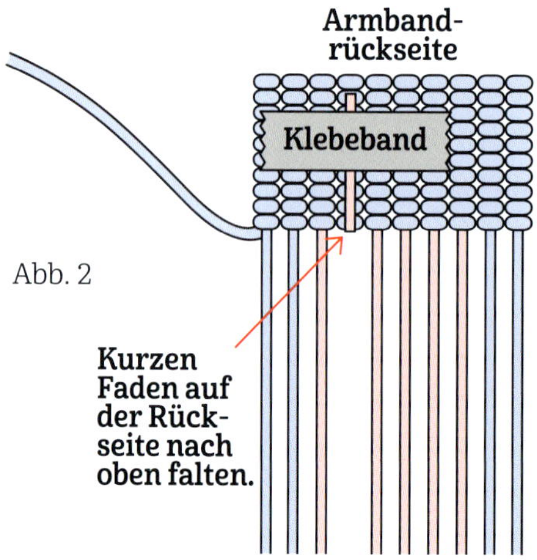

Abb. 2

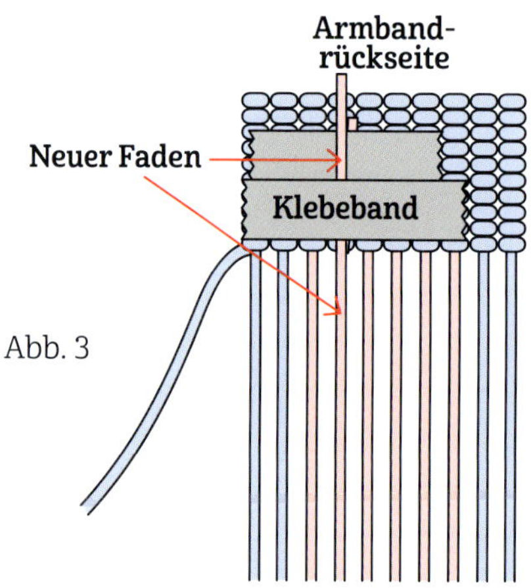

Abb. 3

Tipp

So genanntes Schneider- oder Quiltband, ein speziell für das Nähen entwickelte Klebeband, ist ideal, um den alten Faden in diesem Schritt am Armband zu befestigen.

Fadenenden vernähen

Wenn du einen Faden in dein Armband eingeknüpft hast, musst du dich um das Garnende kümmern.

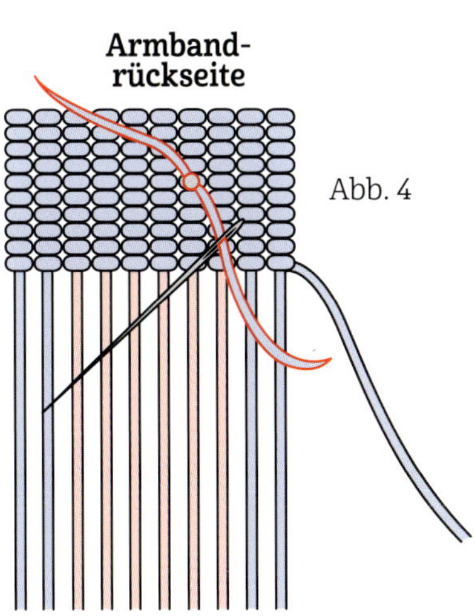

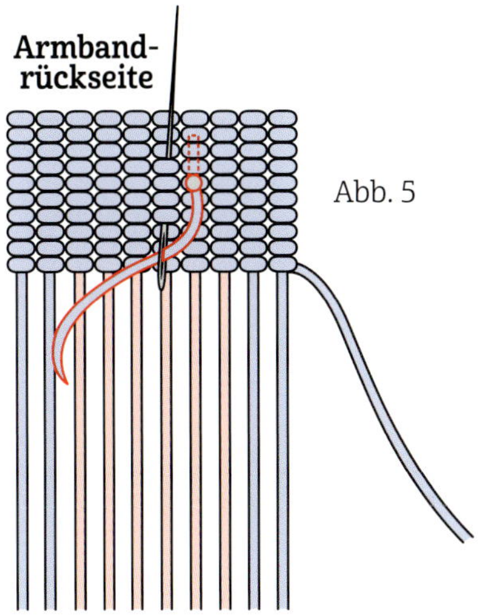

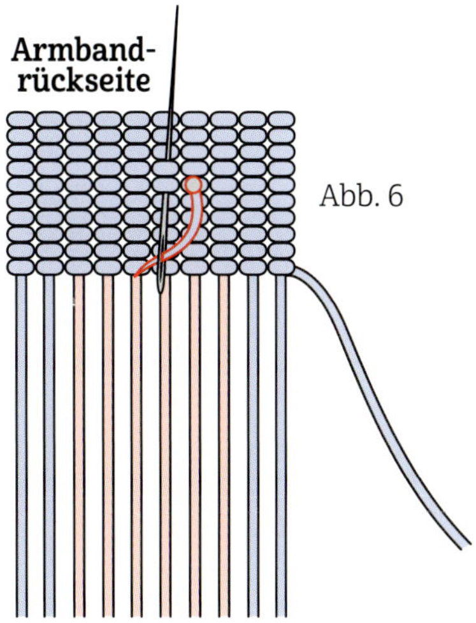

1 Wenn du den Ersatzfaden mit dem alten Faden verknotet hast, tupfe Fransenstopp auf den Knoten, damit er sich nicht löst. Fädle die Garnenden in eine Nadel **(Abb. 4)**. Webe durch die Rückseite des Armbands und schneide den überschüssigen Faden ab **(Abb. 5)**.

2 Wenn deine Enden so kurz sind, dass man kaum mehr etwas mit ihnen machen kann, stecke zuerst die Nadel an der Armbandrückseite in einen Knoten und fädle erst dann den Faden durch die Öse **(Abb. 6)**. Ziehe die Nadel durch das Gewebe und schneide das Fadenende ab.

Knotenspannung bei Farben

Es ist möglich, dass du Farben aus Versehen beim Knüpfen vertauschst, was für gewöhnlich dadurch passiert, dass ein Faden fester angezogen wird als der andere. Um das Problem zu beheben, versuche eines der folgenden Dinge:

- Zieh den *Motivfaden* fester an, damit man die Farbe des Hintergrundfadens sehen kann.
- Zieh den *Hintergrundfaden* fester an, damit man die Farbe des Motivfadens sehen kann.

Einen Knoten lockern

Manchmal wirst du bemerken, dass deine Knoten unterschiedlich groß werden – insbesondere, wenn du gerade erst mit dem Knüpfen begonnen hast. Verwende eine Sicherheitsnadel oder eine Nähnadel, um kleinere Knoten vorsichtig zu lockern.

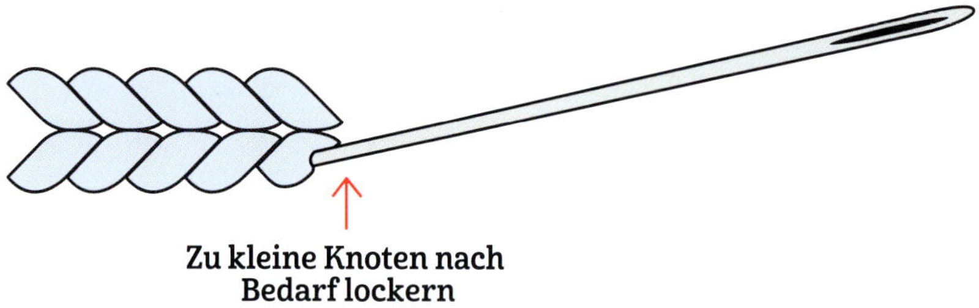

Knoten entfernen

Wenn dir ein Fehler beim Knüpfen auffällt, kannst du dein Armband einfach Knoten für Knoten „entknoten", aber dafür brauchst du Zeit und Geduld. Zum Lösen der Knoten ist eine Stecknadel oder Nähnadel hilfreich. Eine stumpfe Stopfnadel hilft dabei, dass der Faden nicht beschädigt wird, aber manchmal ist eine spitzere Spitze notwendig, um einen festen Knoten zu lösen.

Stich mit der Spitze einer Stecknadel oder Nadel unter den Knoten und lockere ihn vorsichtig mit der Nadelspitze. Halte dabei die Garnfäden zusammen **(Abb. 1a)**. Sobald der Knoten beginnt, sich zu lösen, ziehe die Schlaufe mit der Nadel **(Abb. 1b)** größer. Löse den Knoten und knüpfe ihn neu.

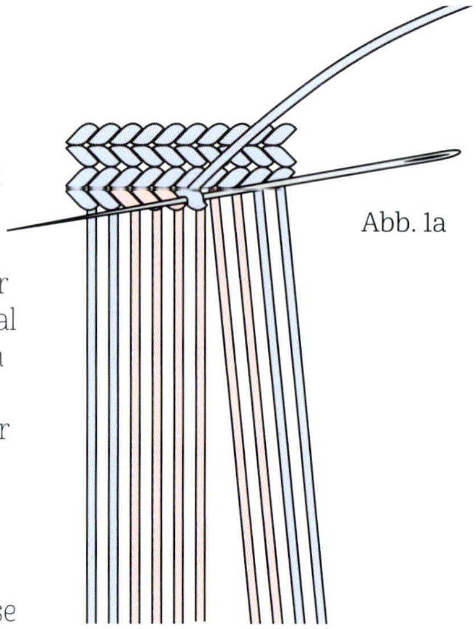
Abb. 1a

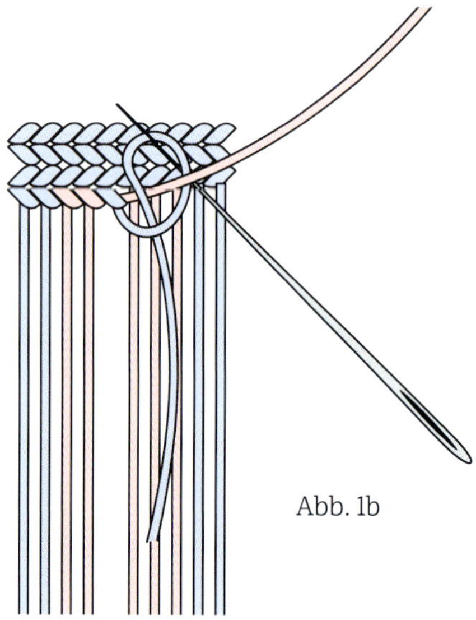
Abb. 1b

Verhedderte Fäden

Es kann helfen, das Knüpfen mit auf Wäscheklammern oder Spulen gewickelten Fäden zu beginnen, um verknotete und verdrehte Fäden zu verhindern, aber es passiert dennoch. Um einen Knoten zu lösen, arbeite zuerst ruhig und vorsichtig mit deinen Fingern, um die Verdrehungen zu lösen. Wenn du genau hinschaust, kannst du normalerweise sehen, welcher Faden das Problem verursacht. Verwende dann eine Sicherheitsnadel oder eine Nähnadel, um die Fäden leichter zu lösen, und entwirre schließlich die Knoten. Denk immer daran: Bleib vorsichtig und … ruhig!

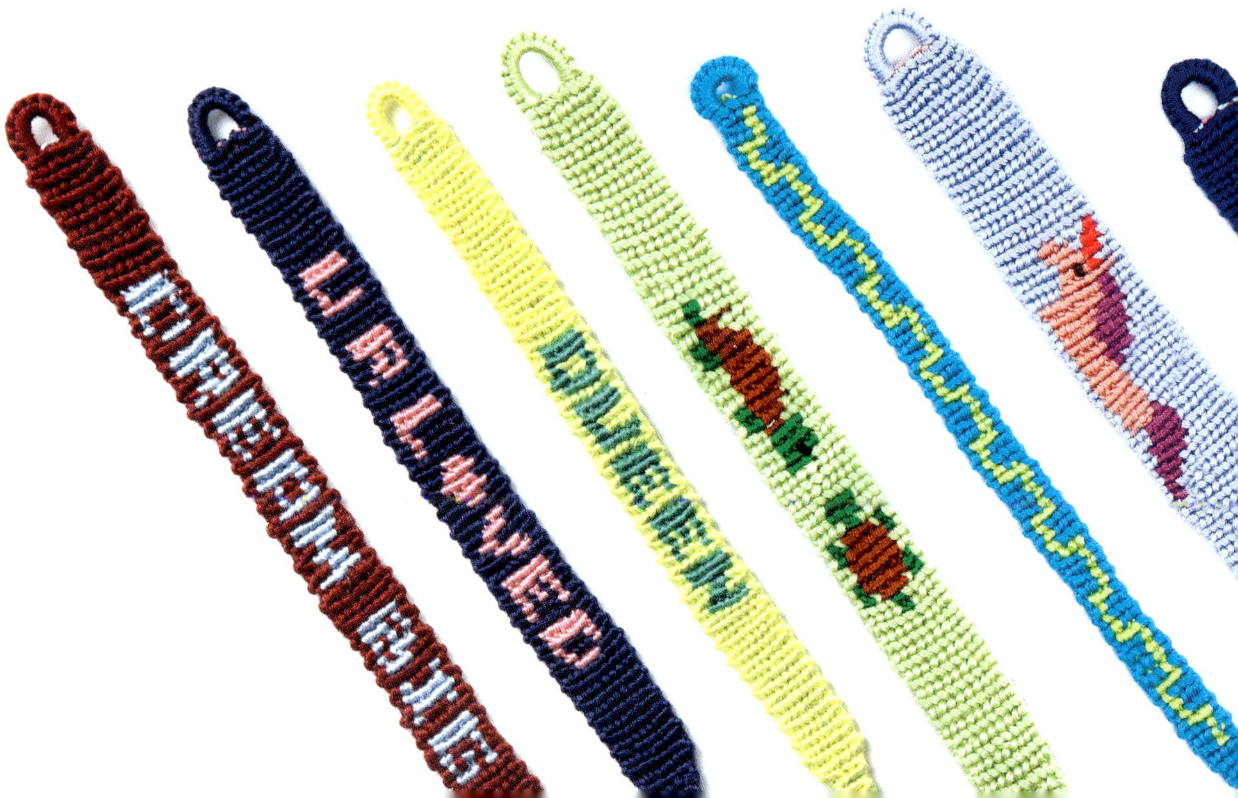

Einen Knoten verdecken (Maschenstich)

Wenn du erst vier oder fünf Reihen später bemerkst, dass dir ein Fehler passiert ist, ist die folgende Technik eine schnelle Art, misslungene Knoten zu verdecken.

1 Fädle das richtige Garn in eine Nadel. Nähe es durch die Rückseite deines Armbands in die Nähe des Bereichs, der überarbeitet werden muss **(Abb. 2a)**, und arbeite dich bis zum falschen Knoten **(Abb. 2b)** vor.

2 Sticke eine Masche über den Knoten in der falschen Farbe und führe dabei die Nadel zurück durch auf die Rückseite **(Abb. 3a)**. Wenn du mehr als einen Knoten in einer falschen Farbe in einer Reihe hast, komm an der anderen Seite des falschen Knotens wieder zurück und führe die Nadel auf die gegenüberliegende Seite, um diesen Knoten zu verdecken. Im Prinzip arbeitest du im Rückstich, um die falschfarbigen Knoten mit dem Garn in der richtigen Farbe zu verdecken. Nähe im Rückstich über so viele Maschen wie nötig und lockere sie, falls nötig, mit der Nadelspitze auf. **(Abb. 3b)**.

3 Wenn all deine Knoten bedeckt sind, führe die Nadel auf die Armbandrückseite, nähe mit dem Faden zurück zum Anfangspunkt, binde ihn mit einem kleinen Knoten fest, sichere diesen mit einem Tupfer Fransenstopp und schneide die Enden ab **(Abb. 4)**.

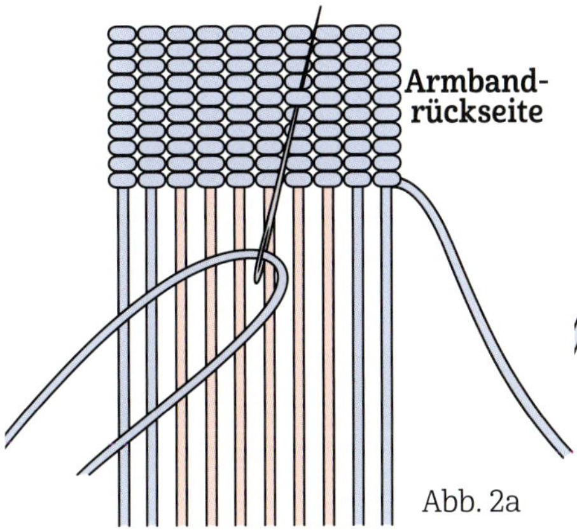

Abb. 2a

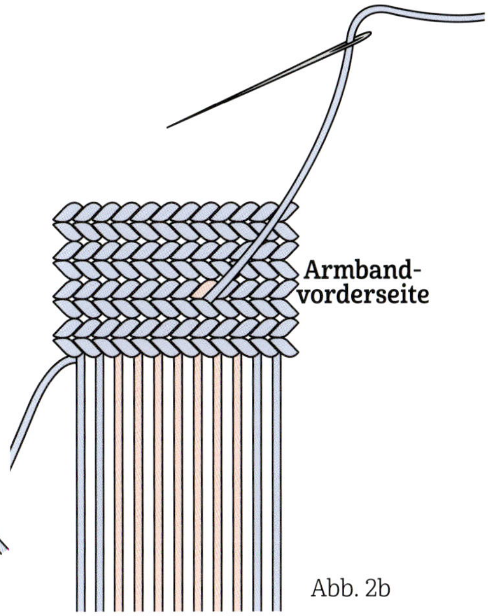

Abb. 2b

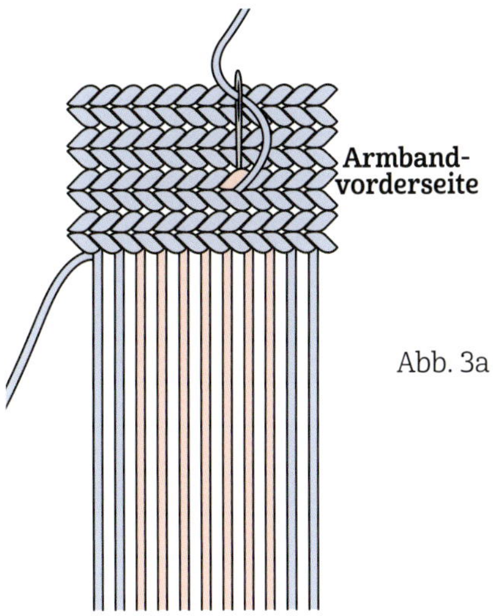

Abb. 3a

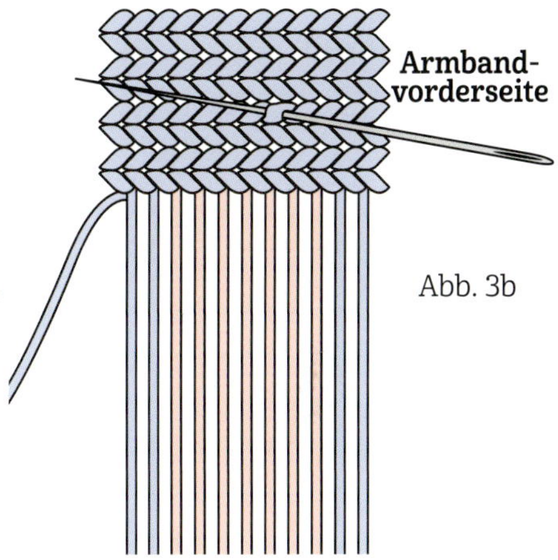

Abb. 3b

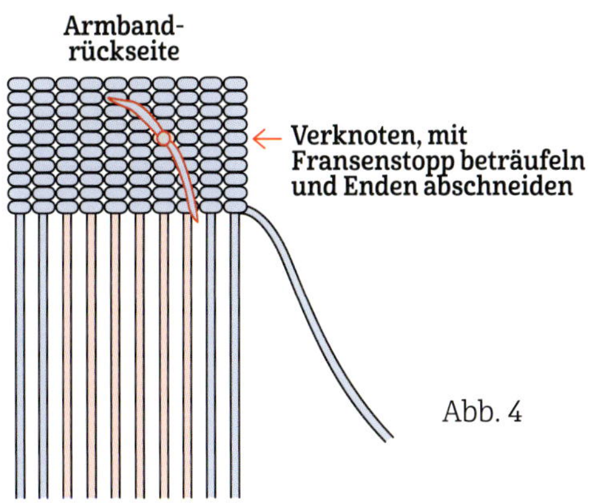

Abb. 4

Muster für Armbänder mit Buchstaben

Hier findest du Diagramme für deine Armbänder. Im ersten Abschnitt findest du einige lustige Wörter und Phrasen, aber auch Schriftarten und Symbole, die du verwenden kannst, wenn du deine Armbänder selbst entwirfst. Bitte beachte, dass es eine Mischung aus breiten und schmalen Mustern ist. Schmale sind mit „(S)“, breite mit „(B)“ gekennzeichnet.

Wörter und Phrasen

Adventure (S)

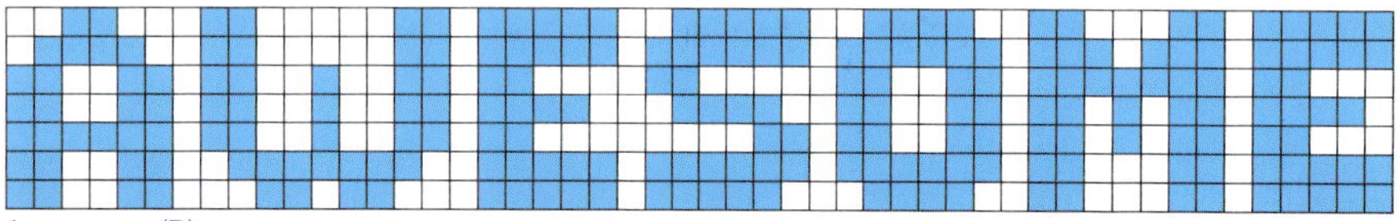
Awesome (B)

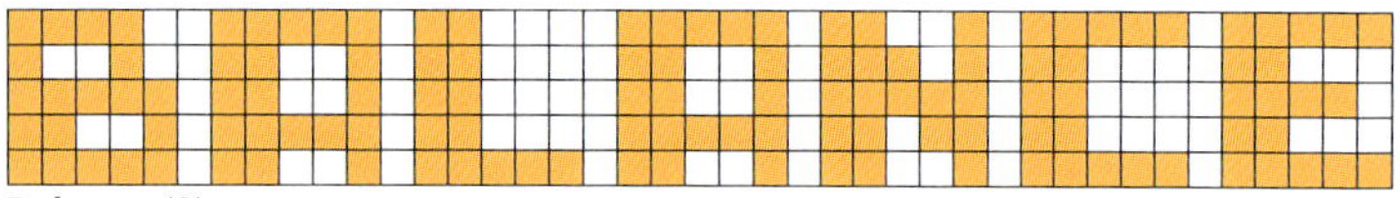
Balance (S)

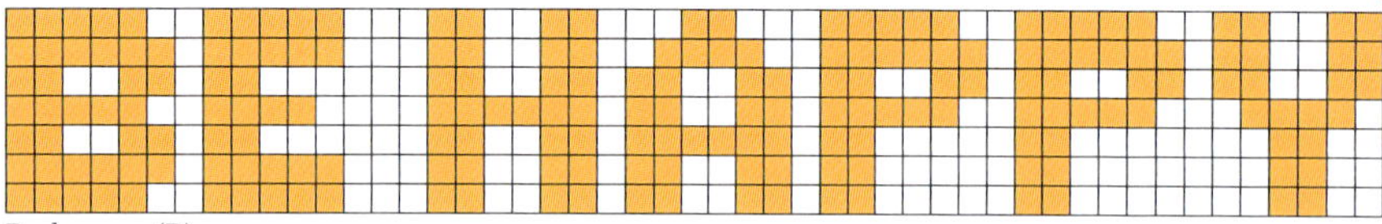
Be happy (B)

Be kind (B)

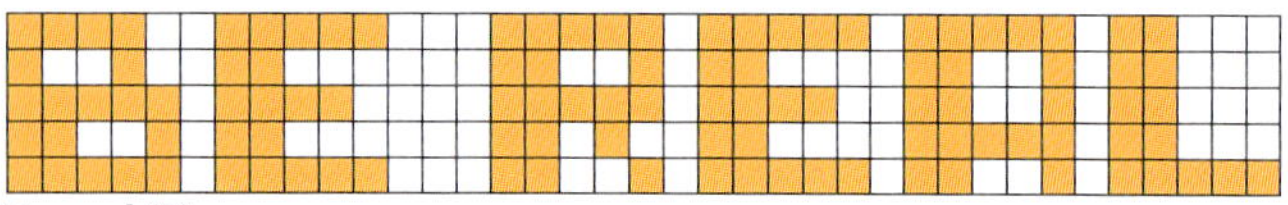
Be real (S)

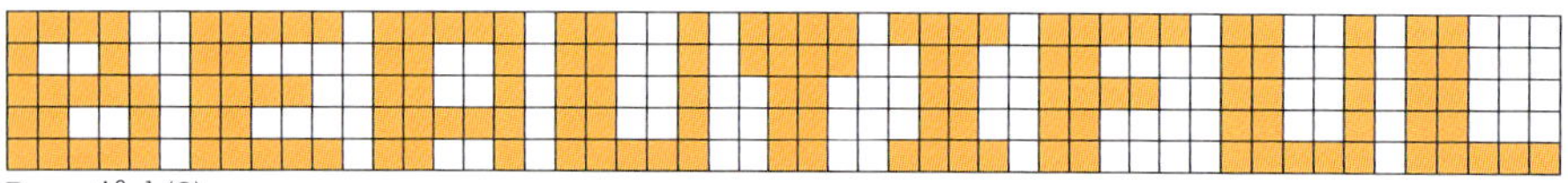
Beautiful (S)

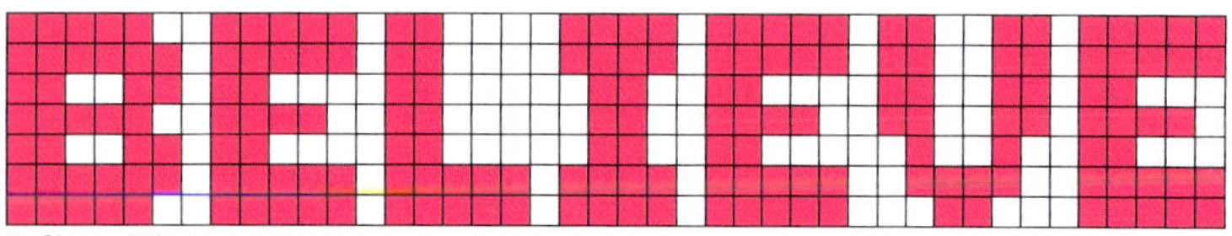
Believe (B)

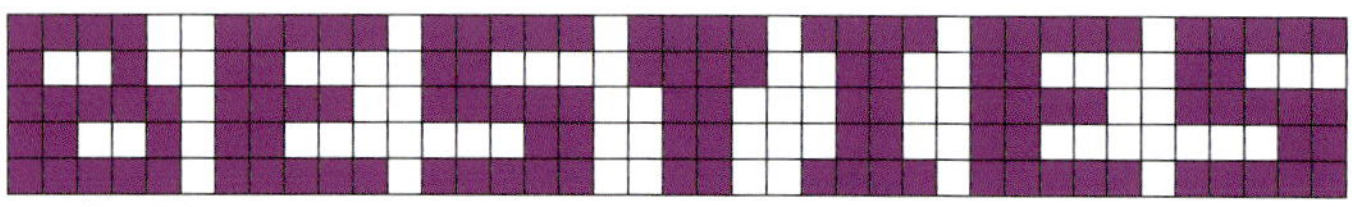
Besties (S)

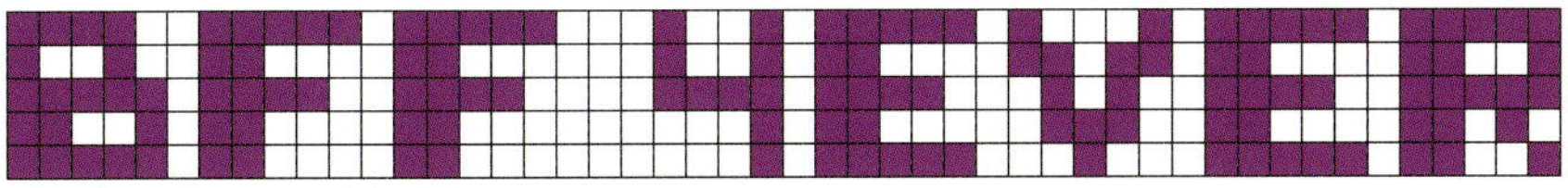

Best friends 4 ever (S)

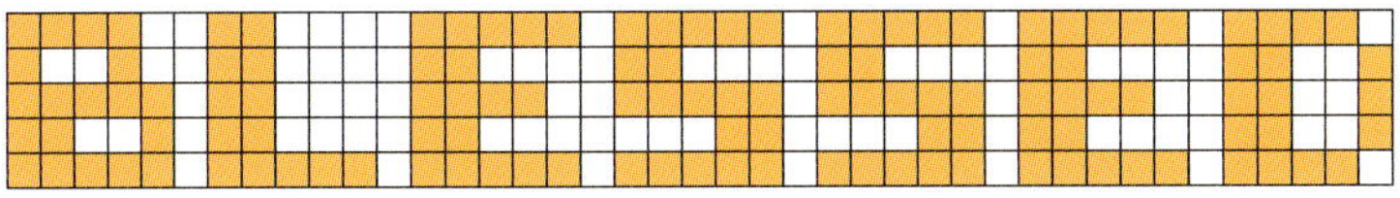

Blessed (S)

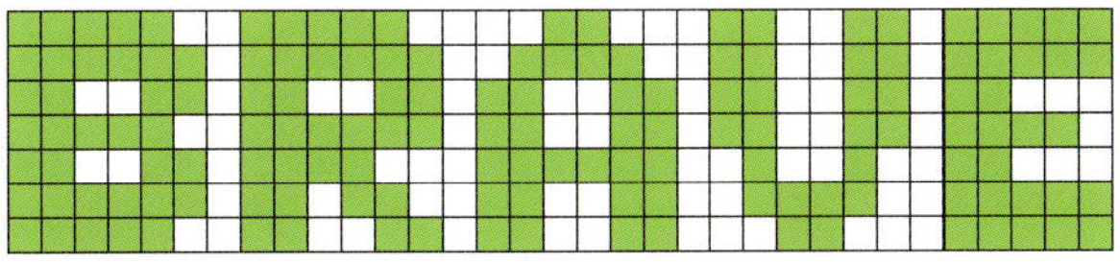

Brave (B)

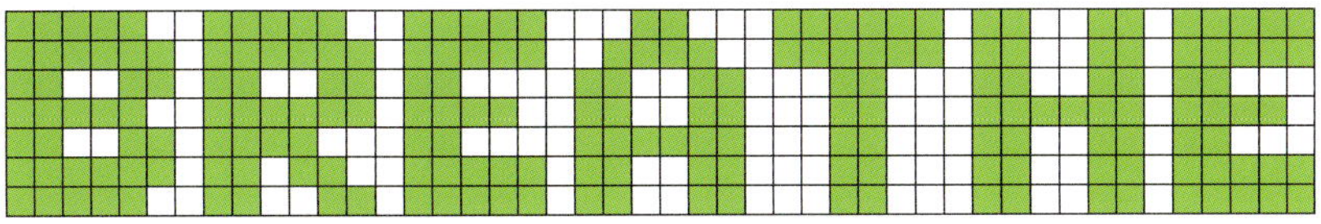

Breathe (B)

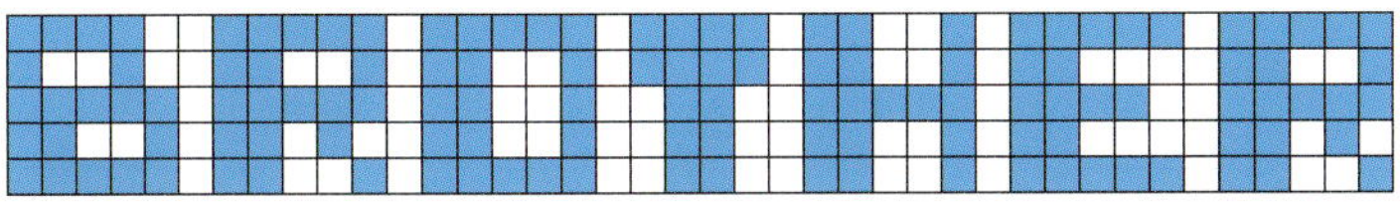

Brother (S)

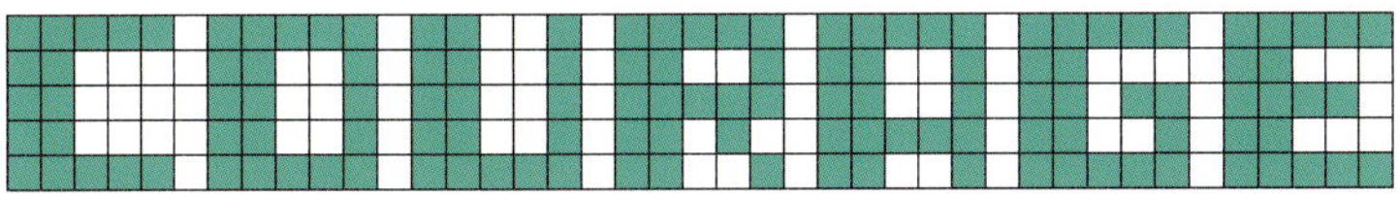

Courage (S)

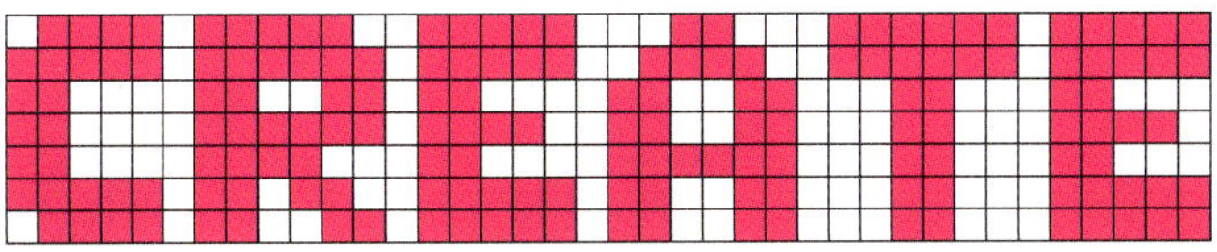

Create (B)

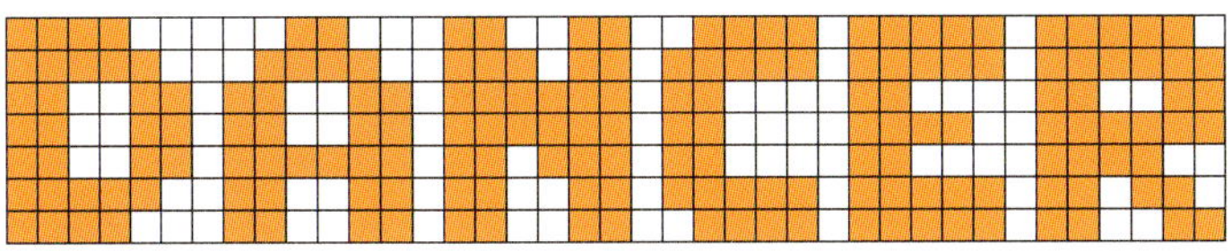

Dancer (B)

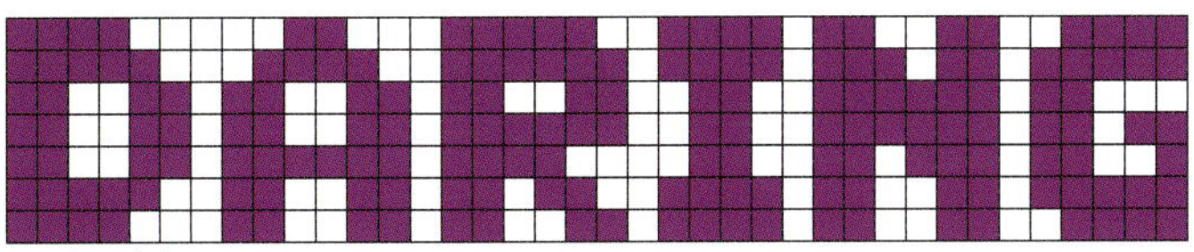

Daring (B)

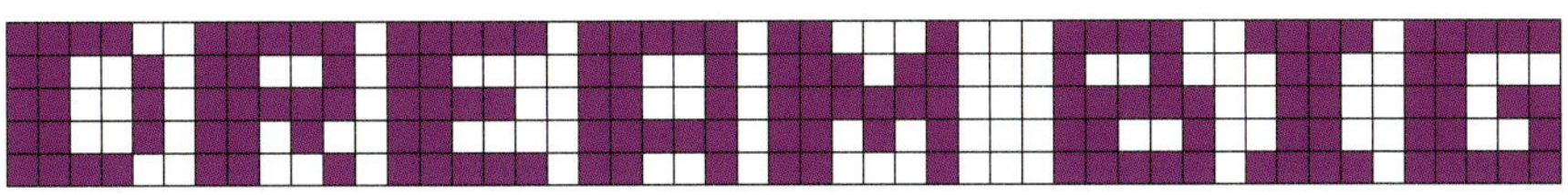

Dream big (S)

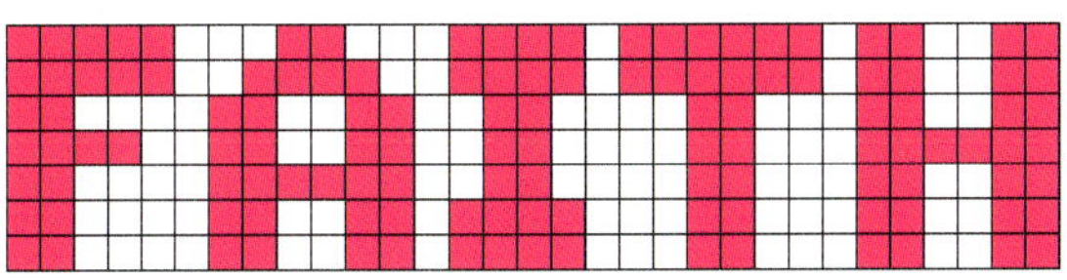

Faith (B)

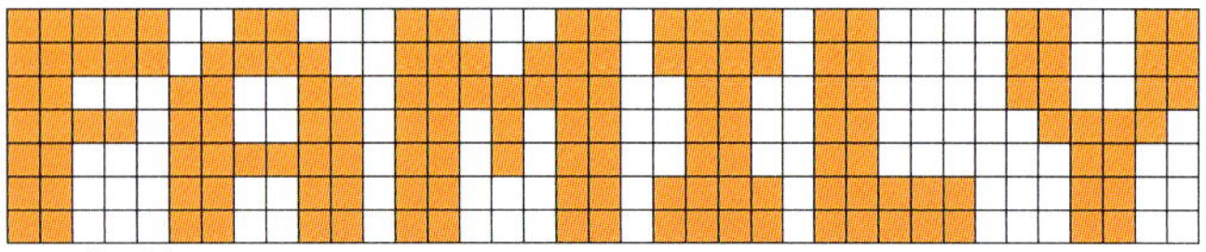
Family (B)

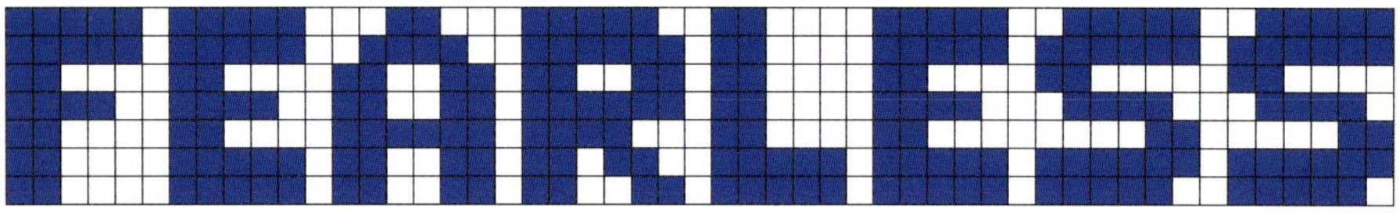
Fearless (B)

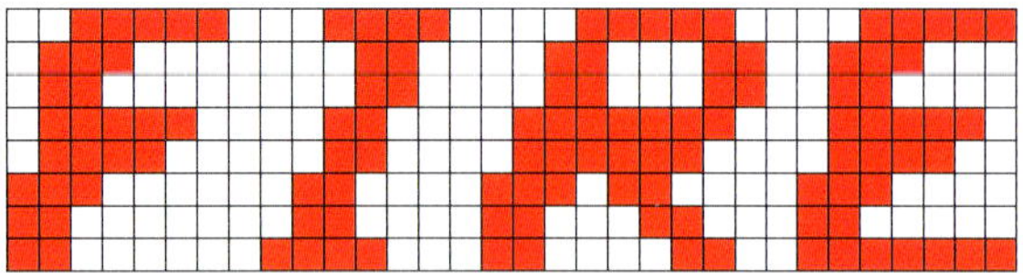
Fire (B)

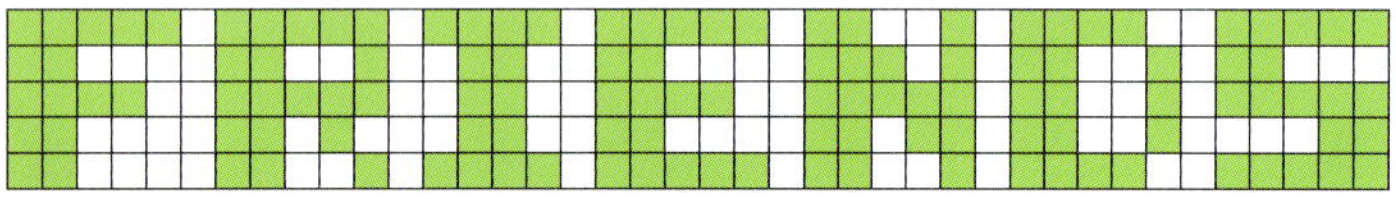
Friends (S)

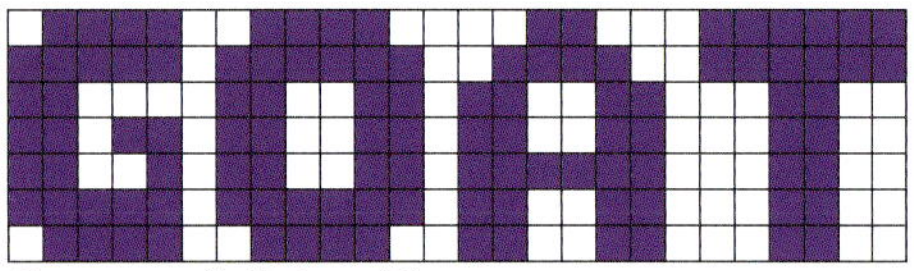
Greatest of all time (B)

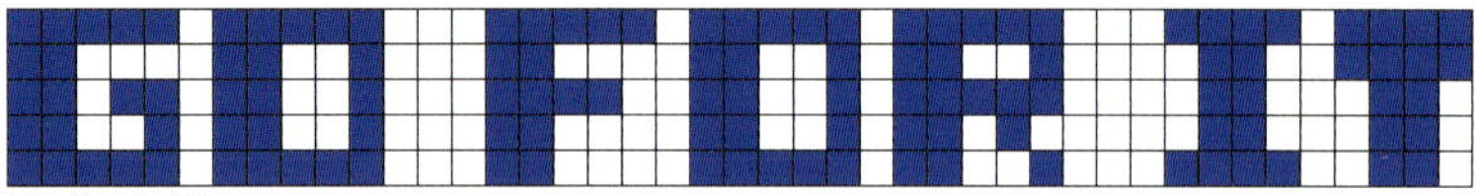
Go for it (S)

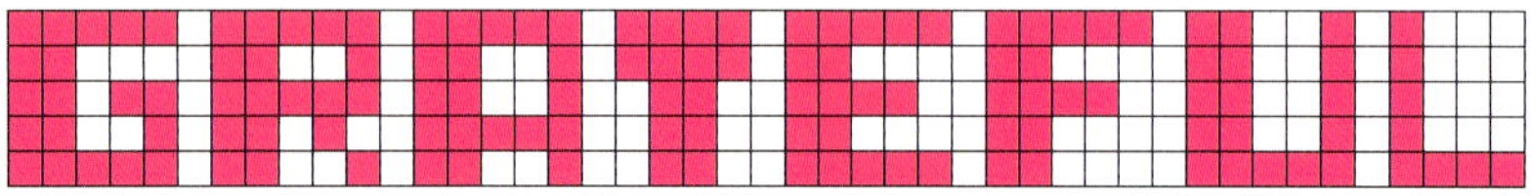
Grateful (S)

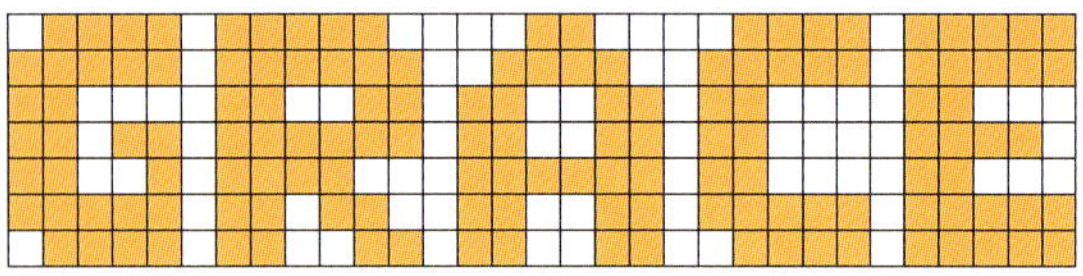
Grace (B)

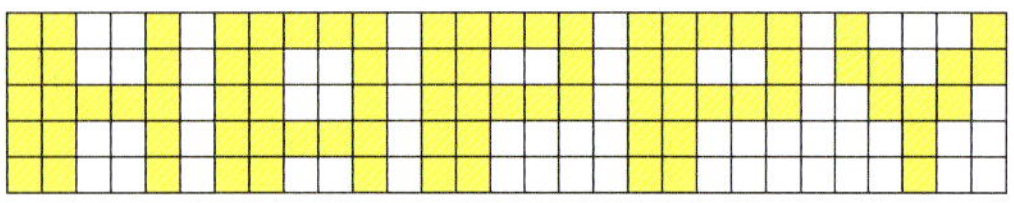
Happy (S)

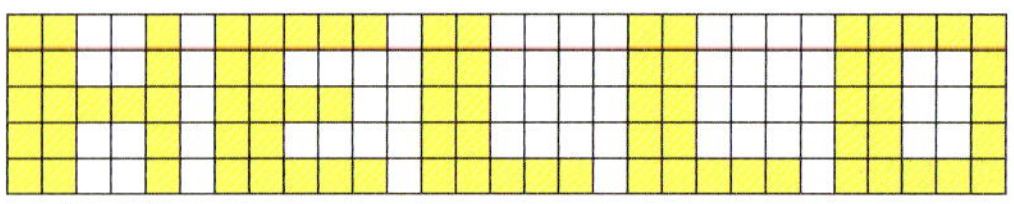
Hello (S)

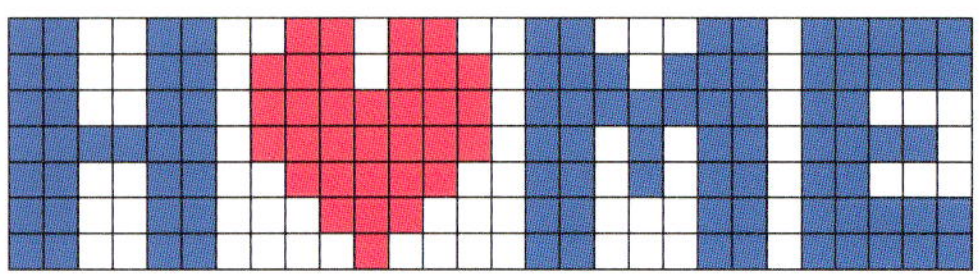
Home (B)

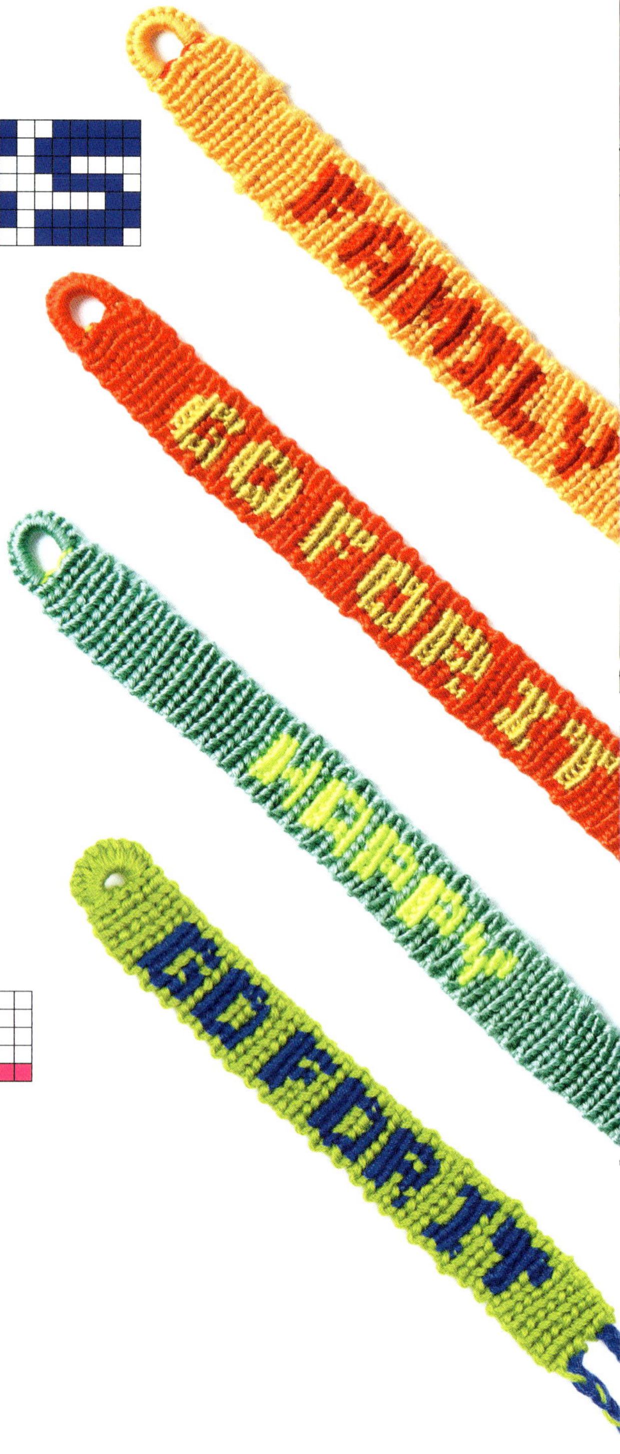

Hope (B)

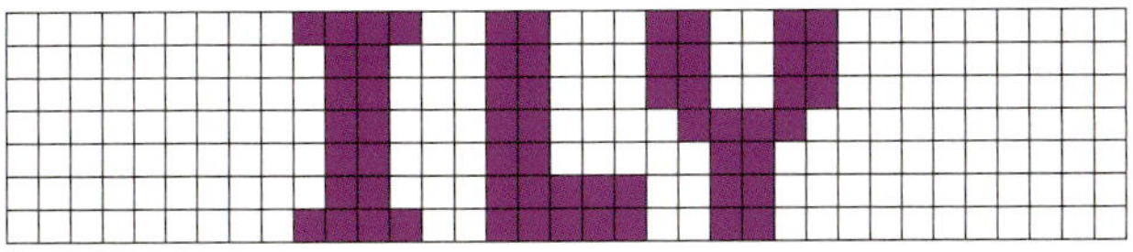

I love you (B)

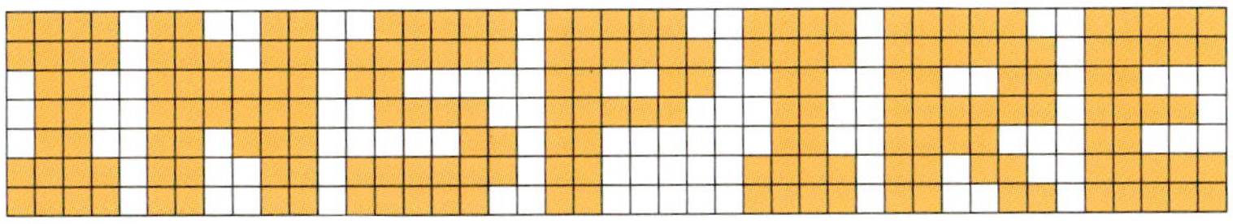

Inspire (B)

Joyful (S)

Kindness (S)

King (B)

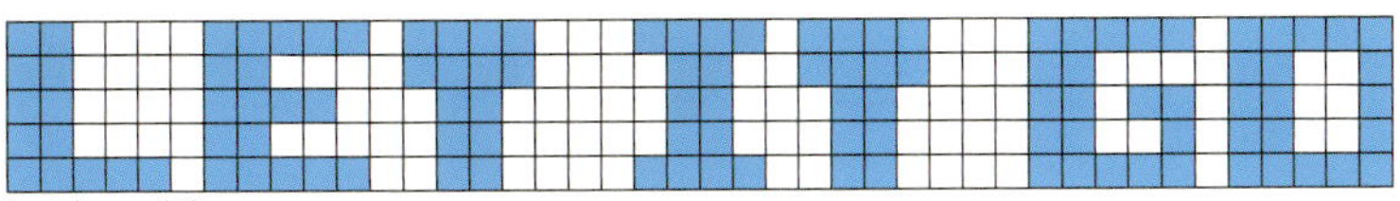

Let it go (S)

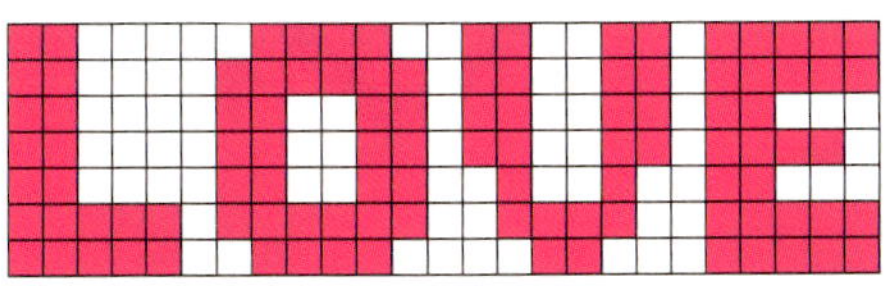

Love (B)

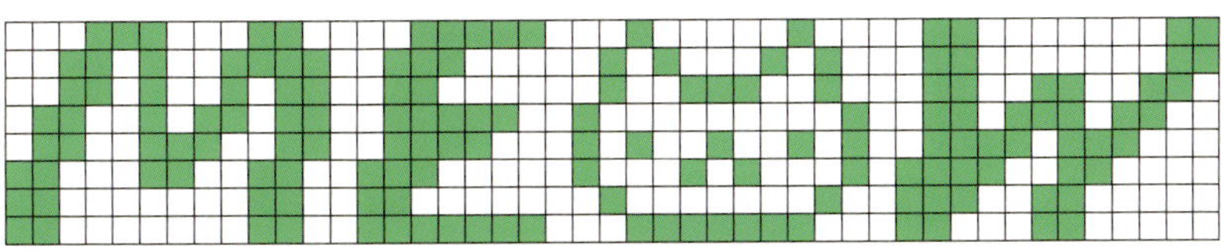
Meow (B)

Party (S)

Patience (S)

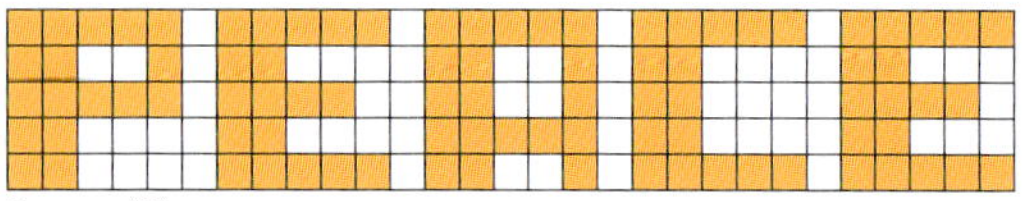

Peace (S)

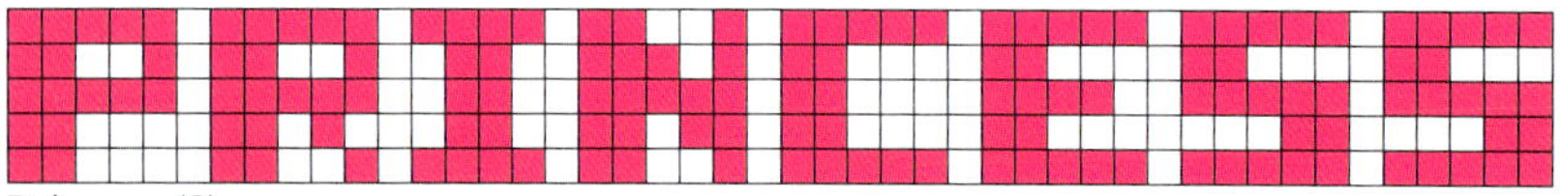

Princess (S)

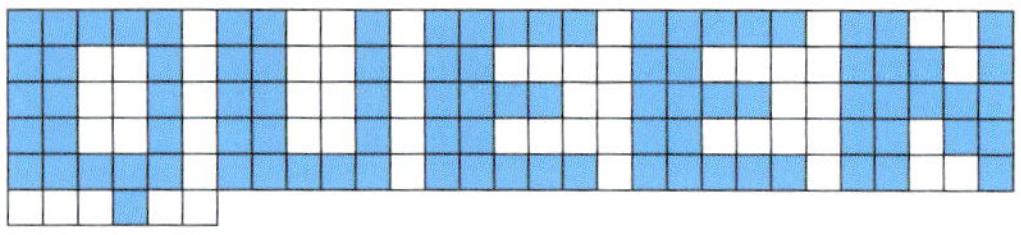

Queen (S)

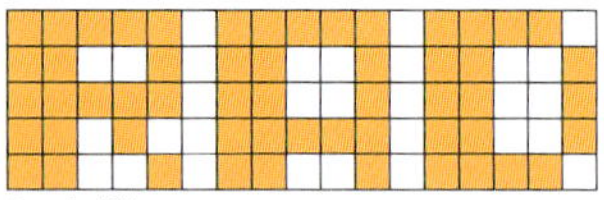

Rad (S)

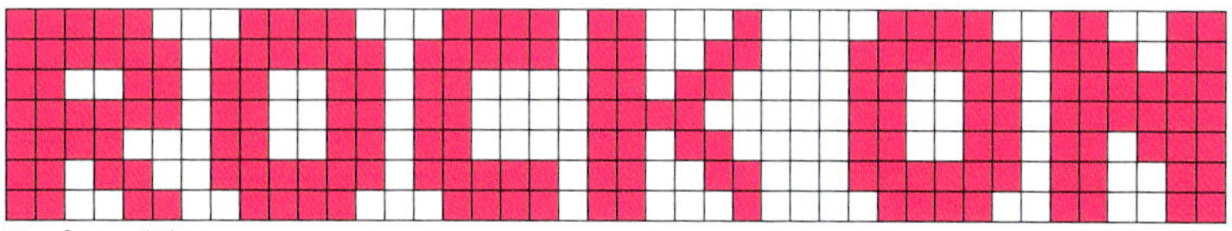

Rock on (B)

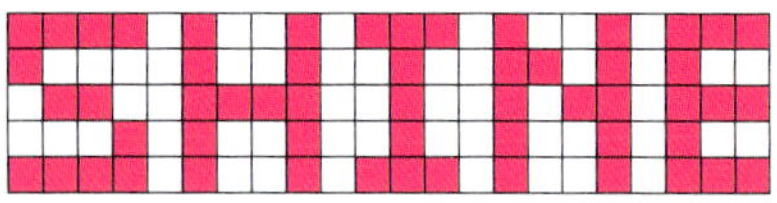

Shine (S)

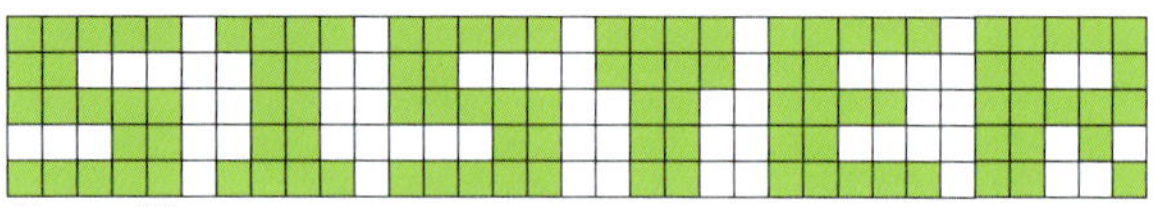

Sister (S)

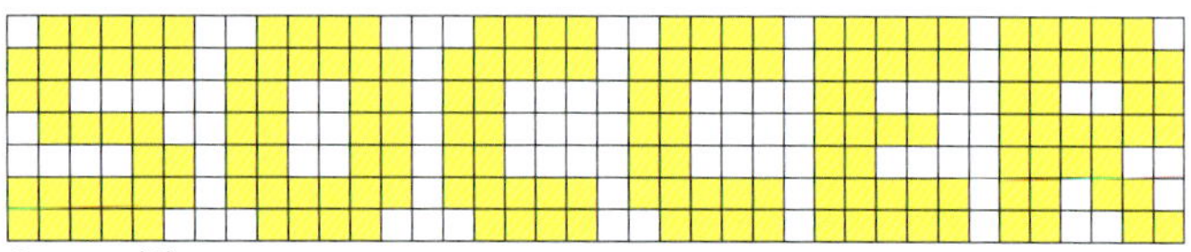

Soccer (B)

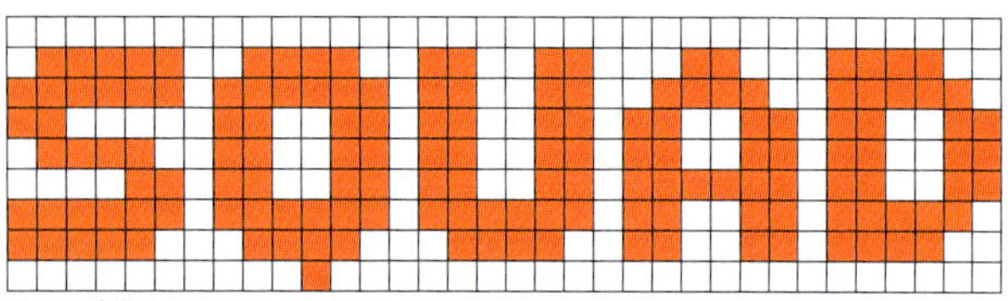

Squad (B)

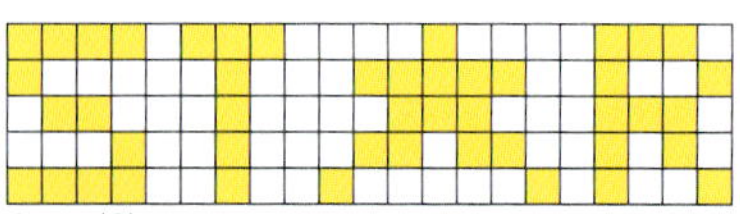

Star (S)

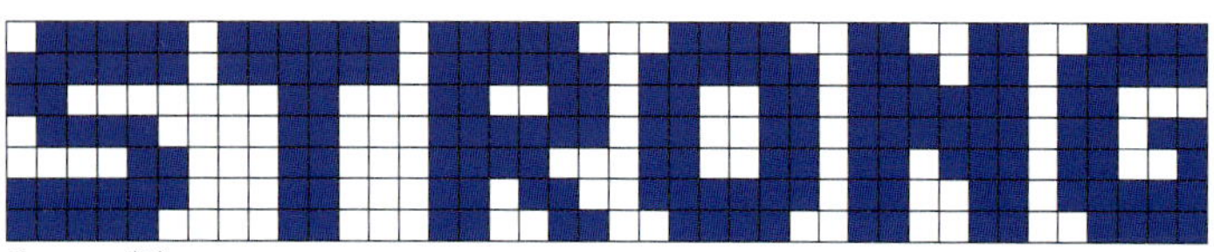

Strong (B)

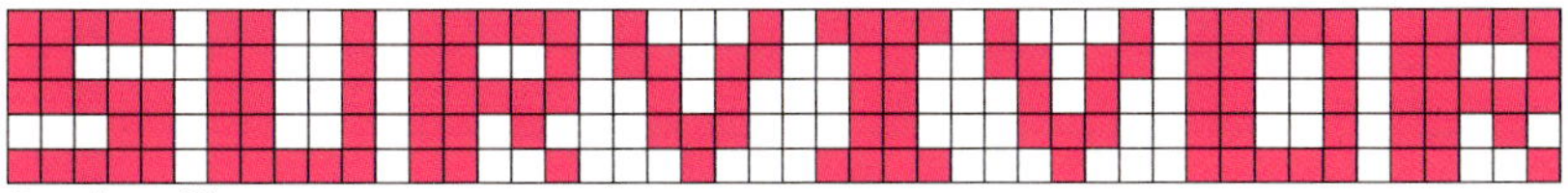

Survivor (S)

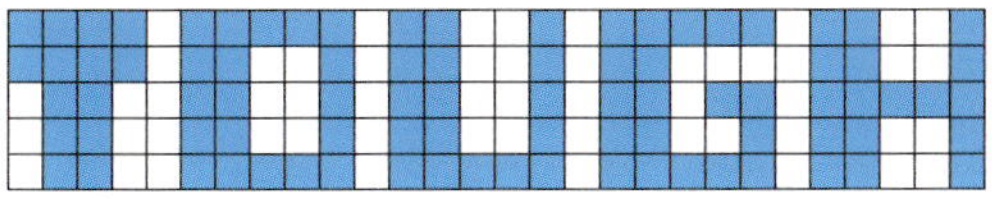

Tough (S)

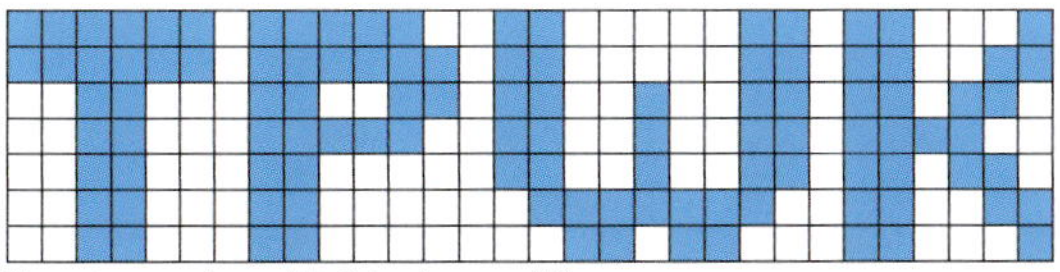

Treat people with kindness (B)

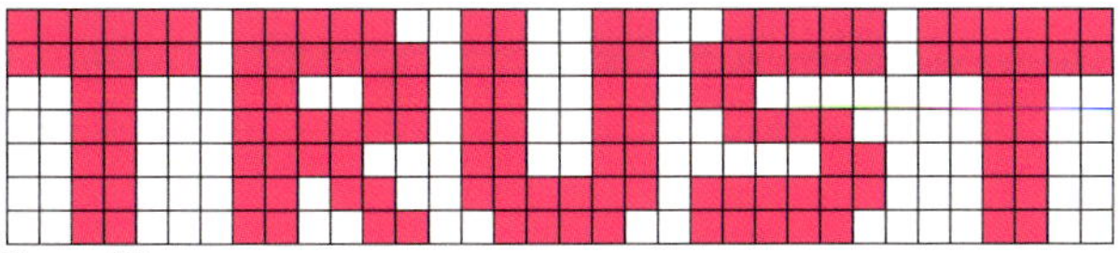

Trust (B)

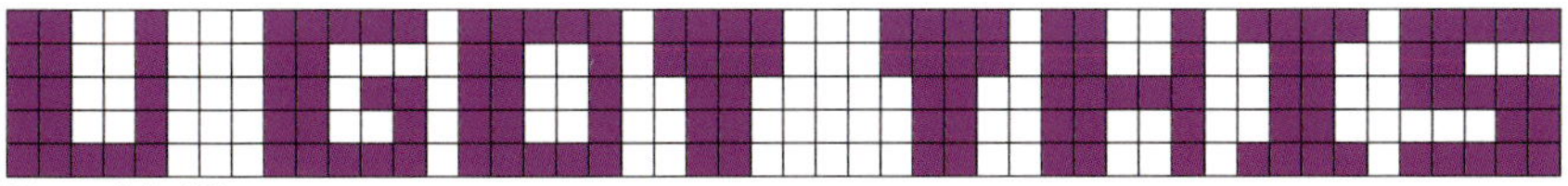

U got this (S)

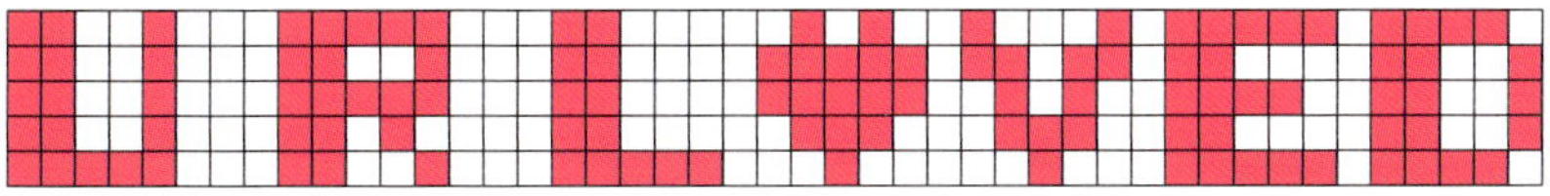

U R loved (S)

Warrior (B)

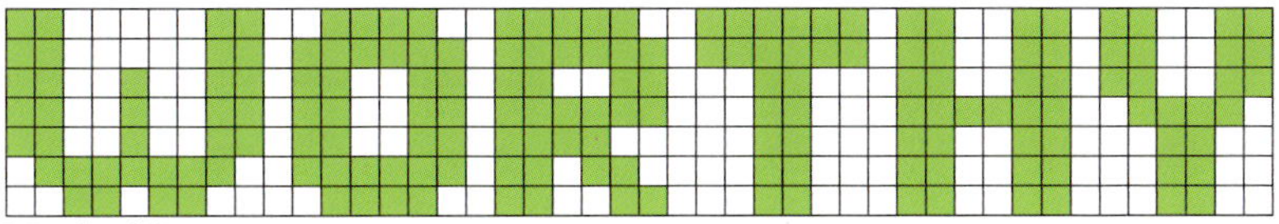

Worthy (B)

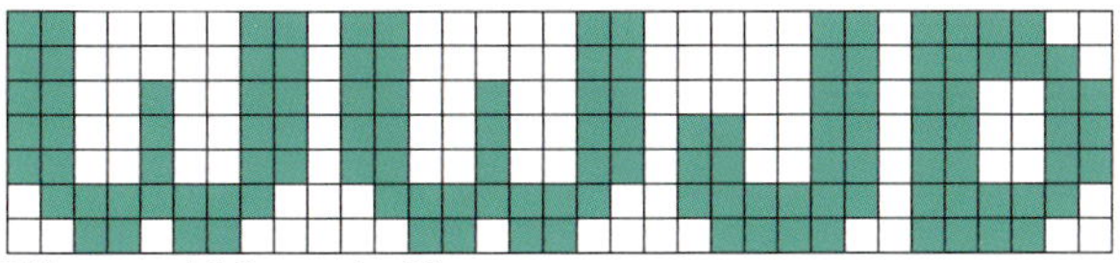

What would Jesus do (B)

100 percent (B)

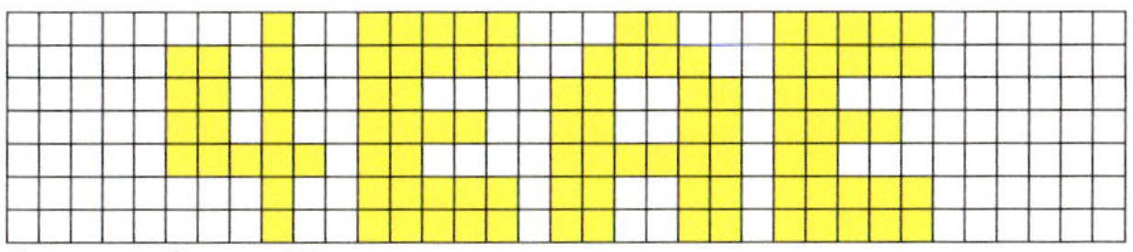

4 ever and ever (B)

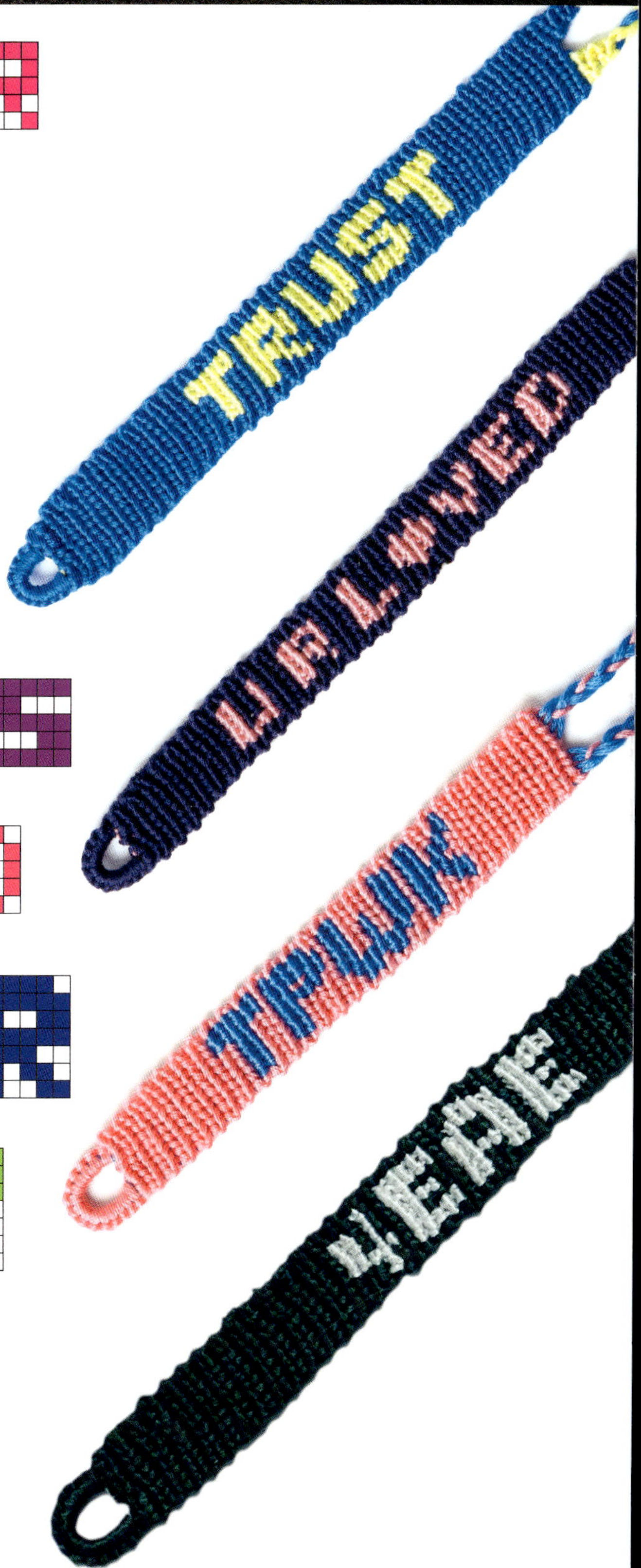

Schriftarten

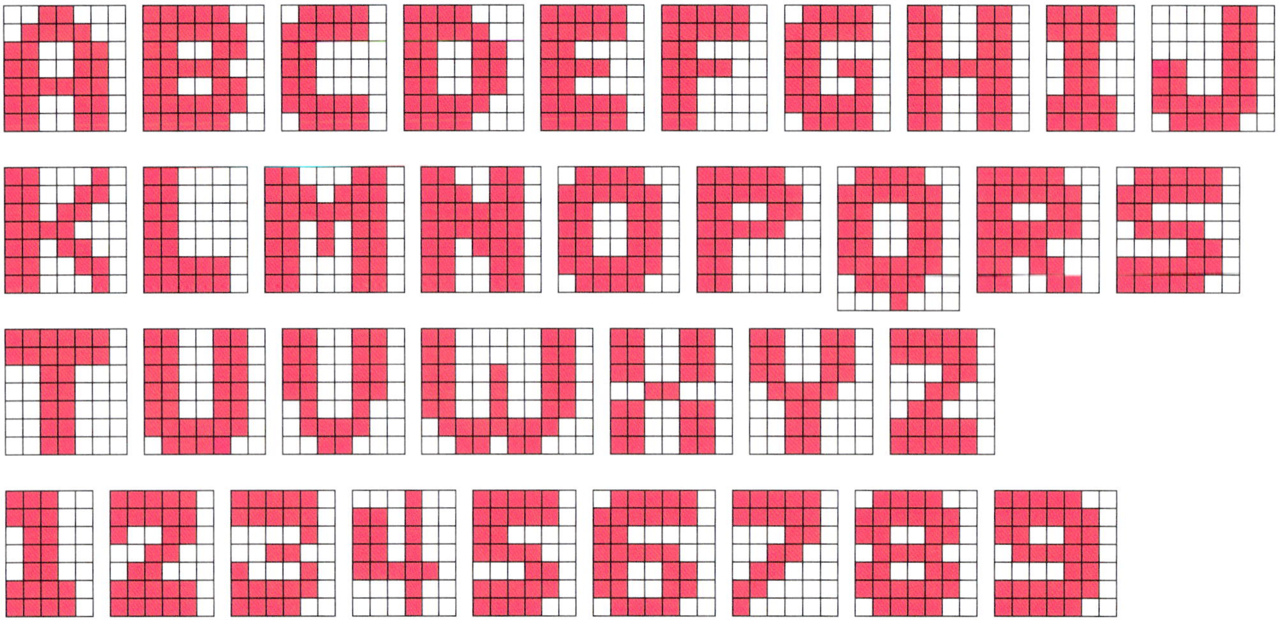

Einfaches breites Alphabet (B)

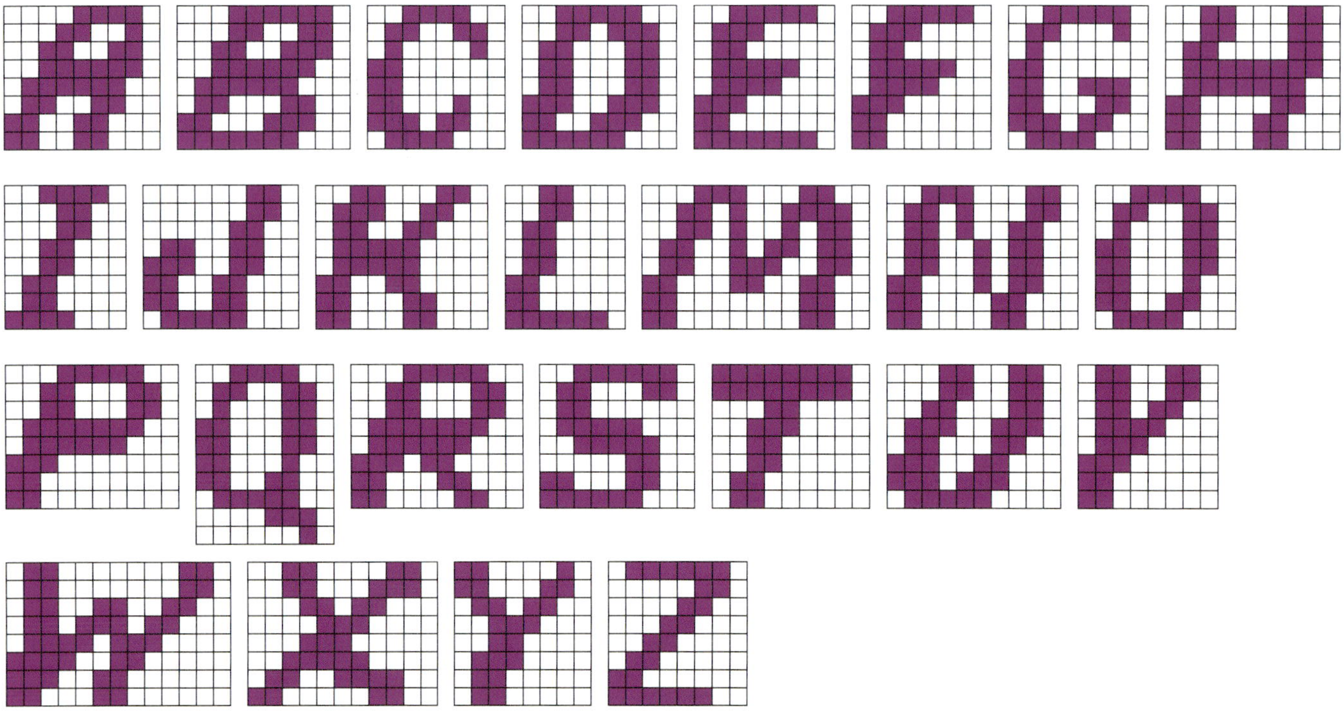

Kursives Alphabet (B)

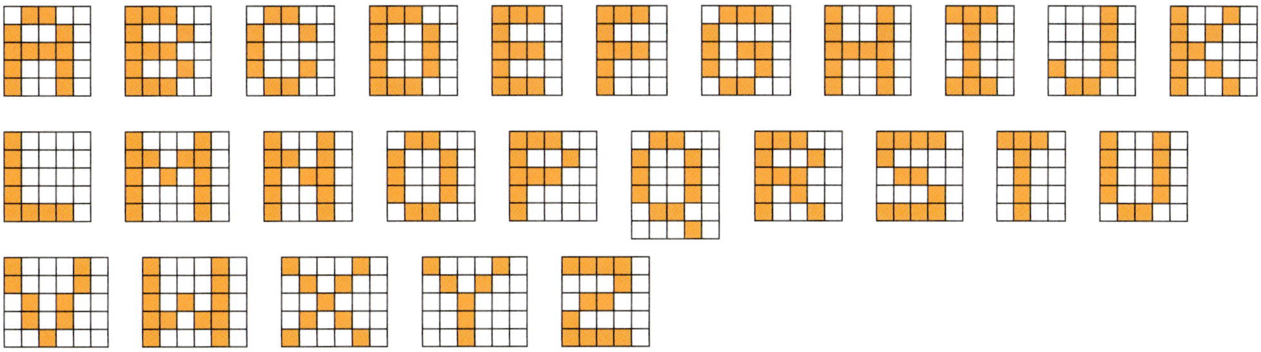

Dünnes Alphabet (S)

Einfaches schmales Alphabet (S)

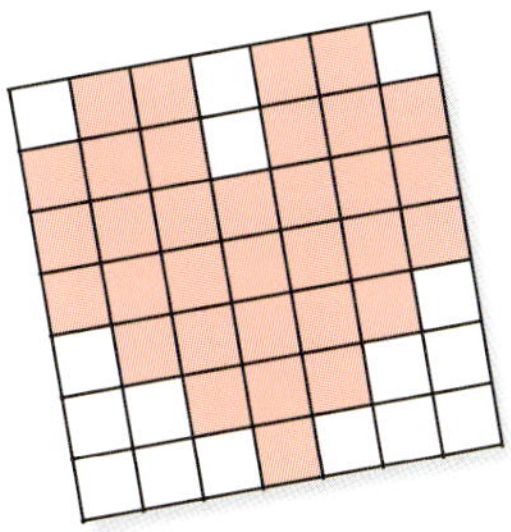

Bring Liebe ins Spiel!

Ersetze den Buchstaben O in einem Wort einfach mit einem Herz für das gewisse Etwas in einem besonderen Buchstabenarmband. Du kannst auch Herzen vor, nach oder zwischen Wörtern knüpfen.

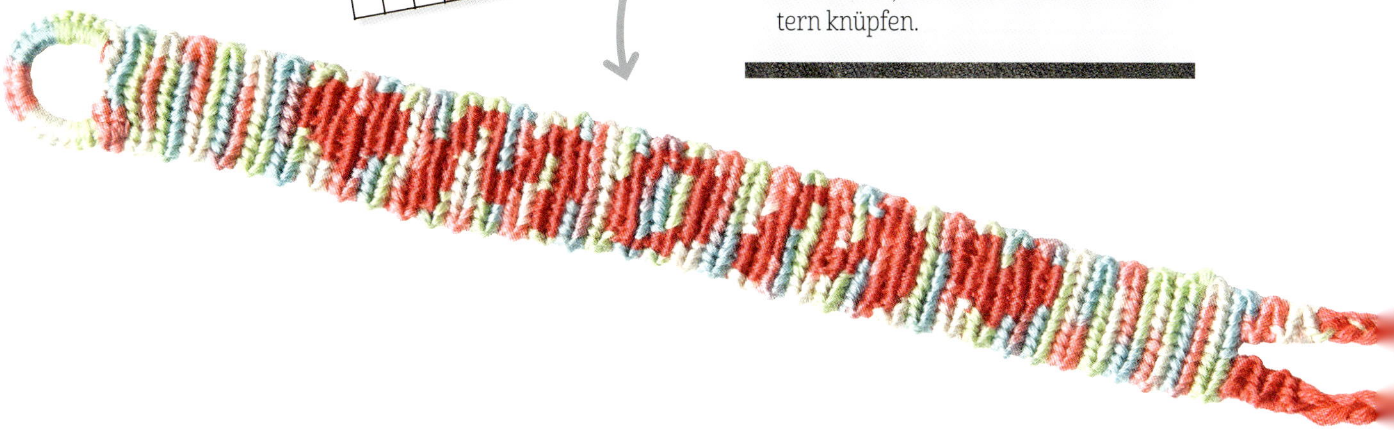

Muster für Armbänder mit Bildern

Dieser Abschnitt enthält eine Fülle an Mustern, die du verwenden kannst, um deine Armbänder zu knüpfen. Der erste Abschnitt enthält einfache geometrische Muster für nette Armbänder, die sich großartig mit anderen kombinieren lassen. Die anderen Abschnitte beinhalten kompliziertere Muster.

Geometrische Muster

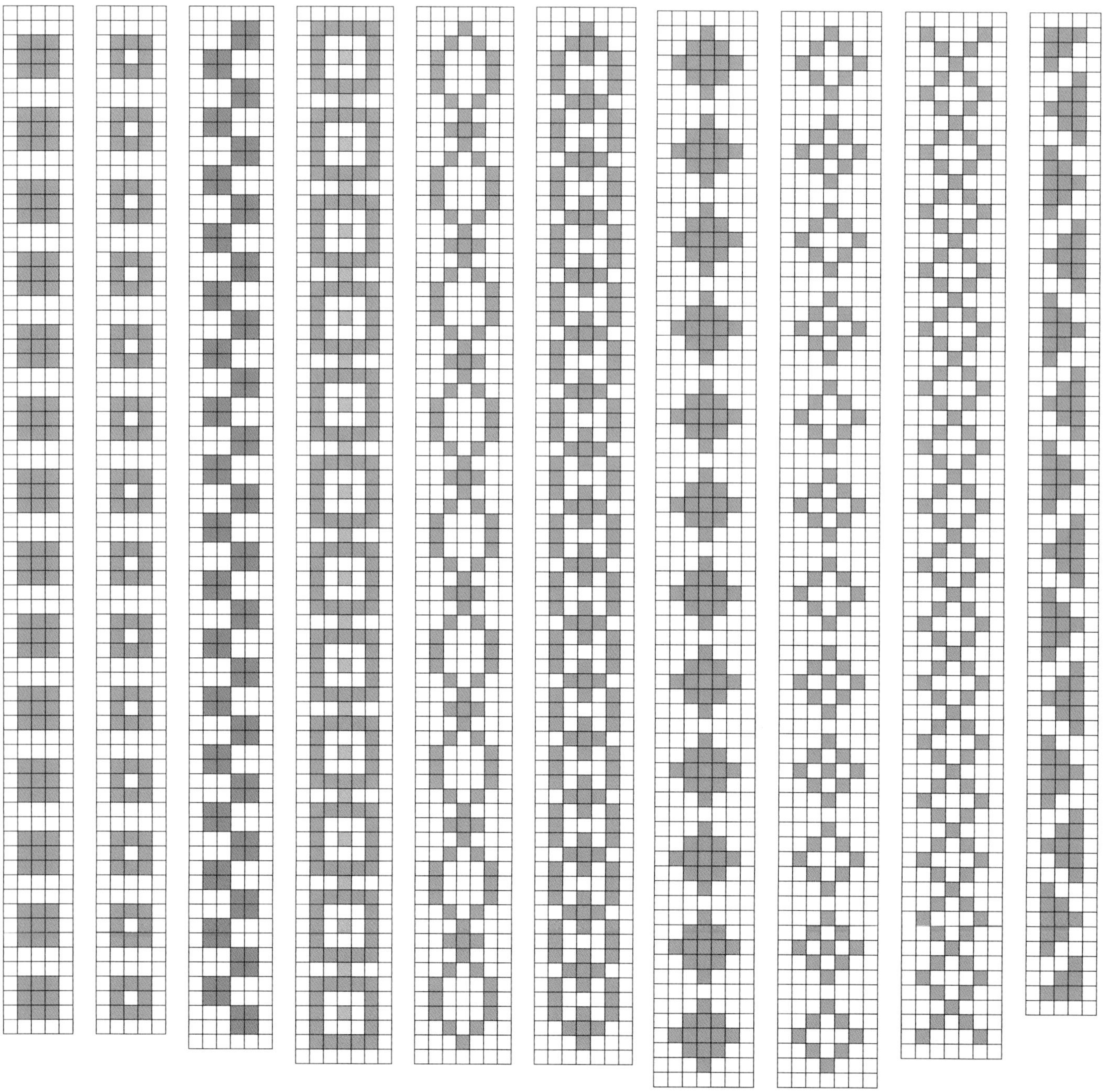

Naturmotive

Naturmotive (Fortsetzung)

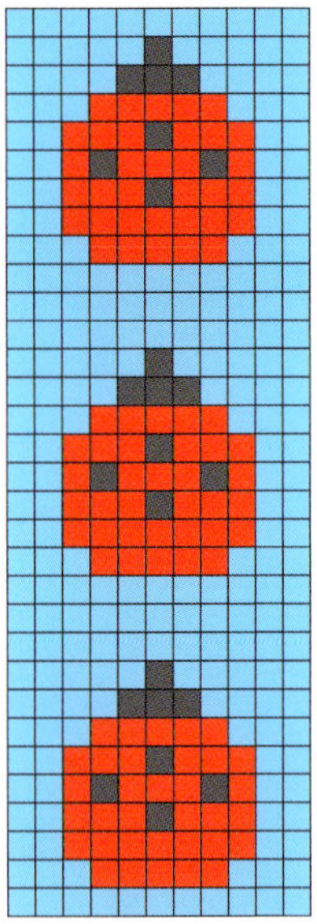
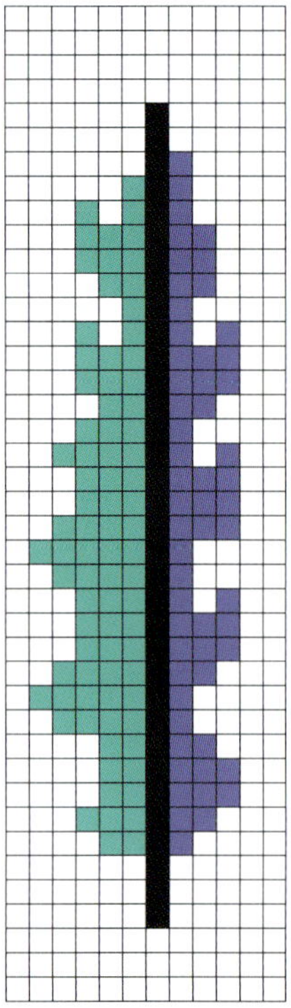
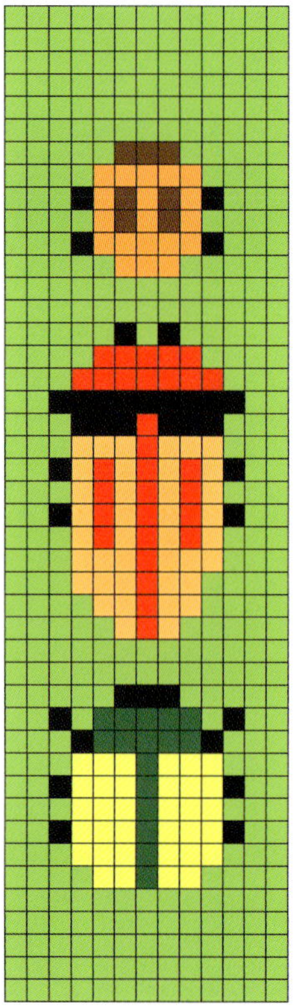
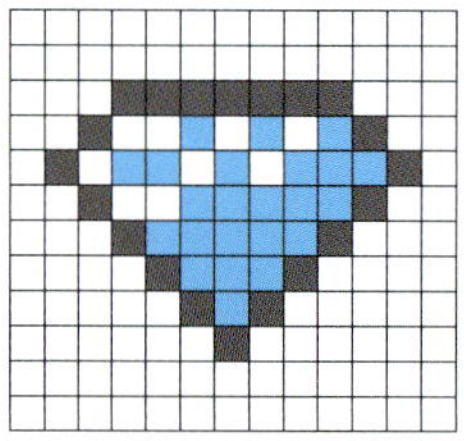

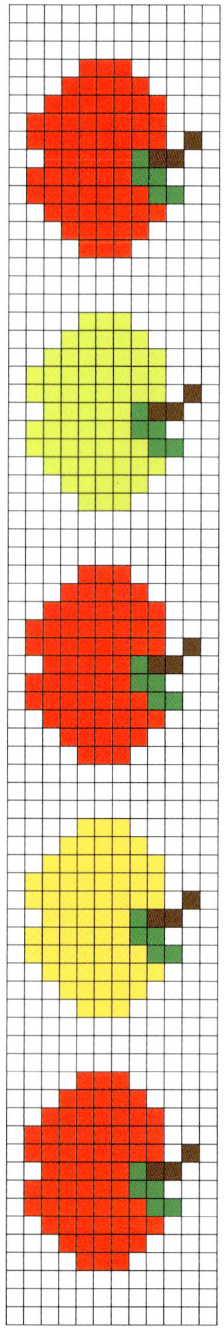
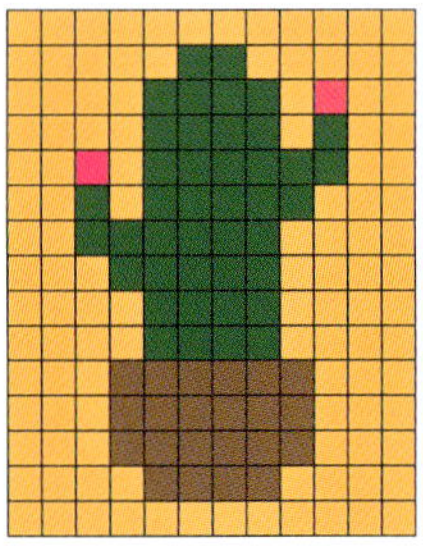
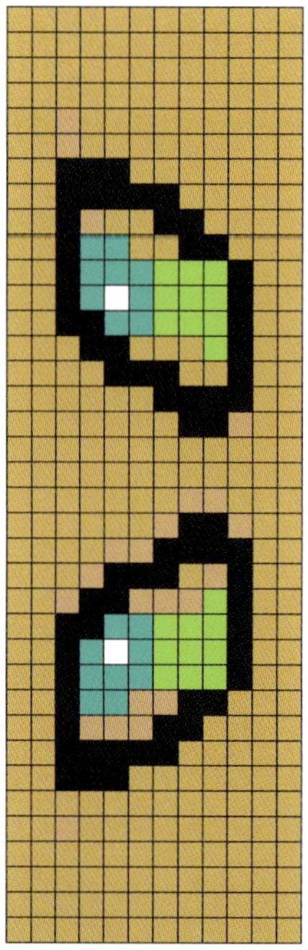
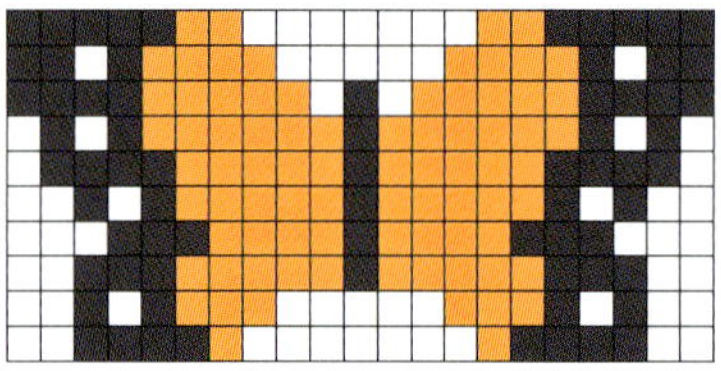
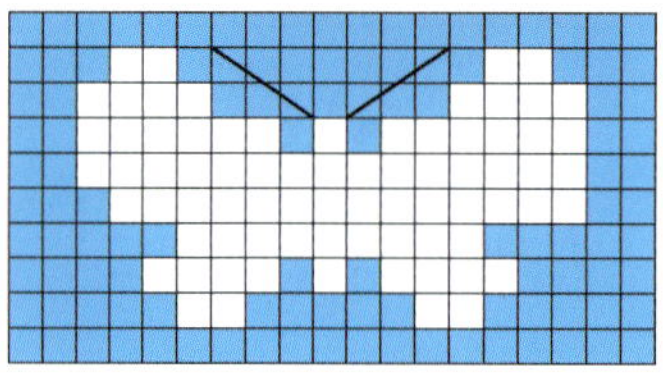

Tiermotive

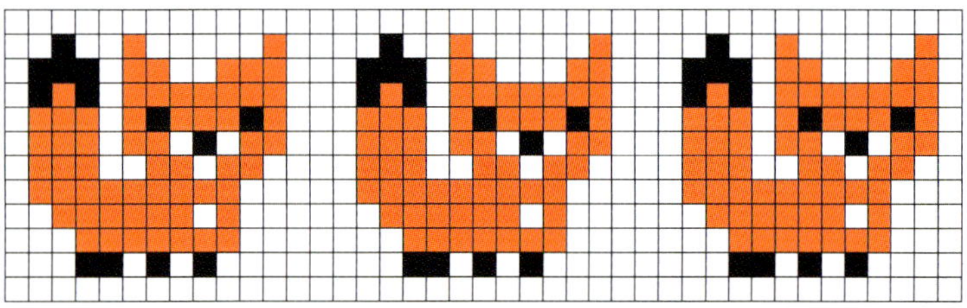
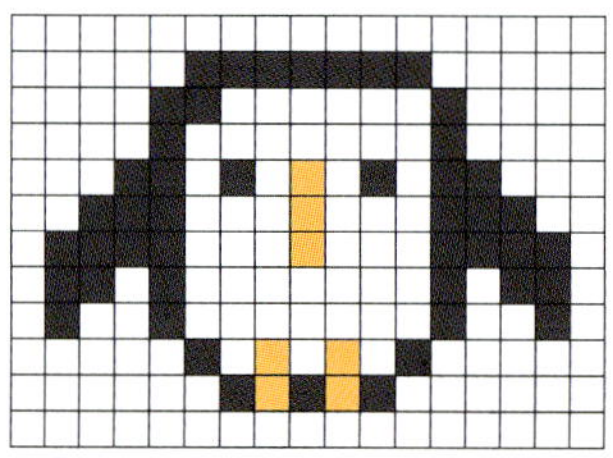
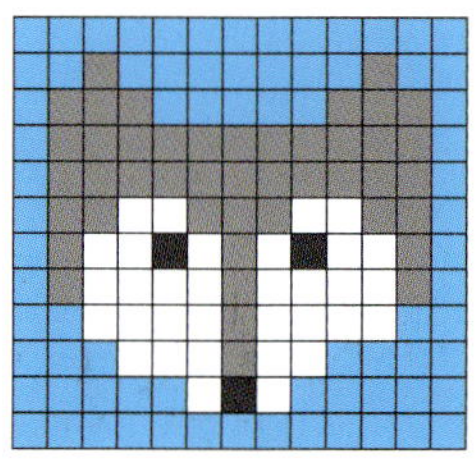
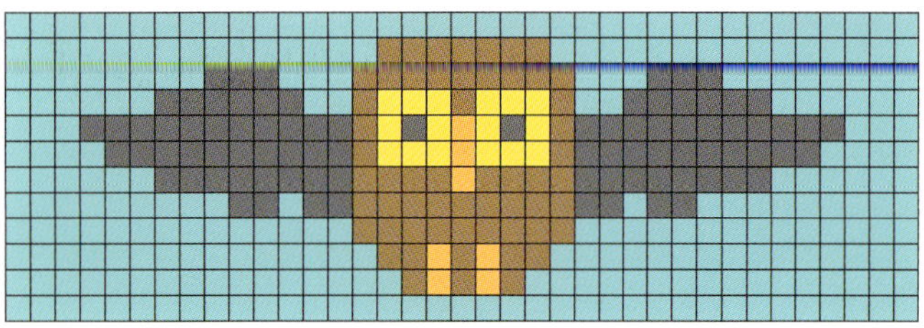
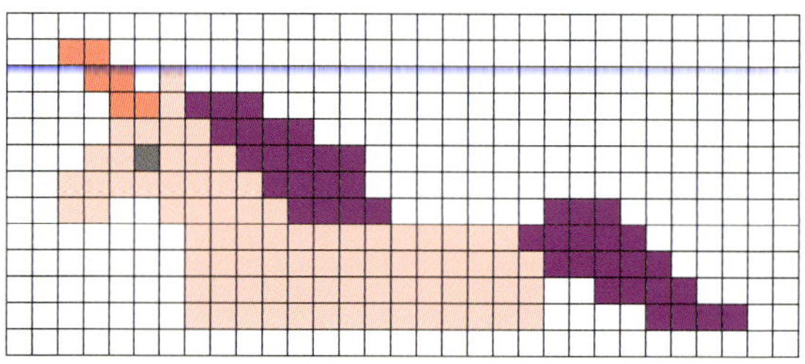

Tiermotive (Fortsetzung)

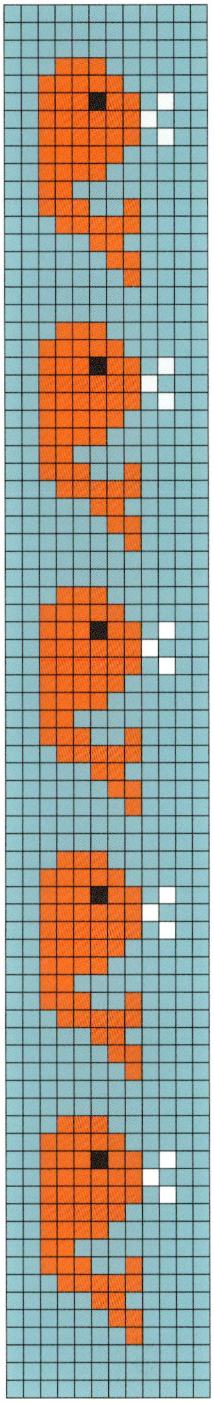

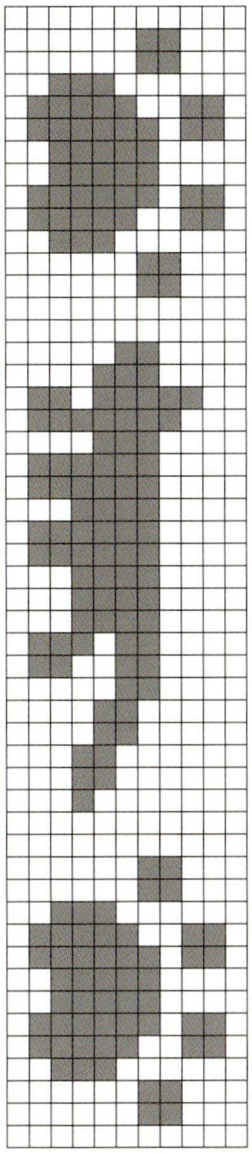

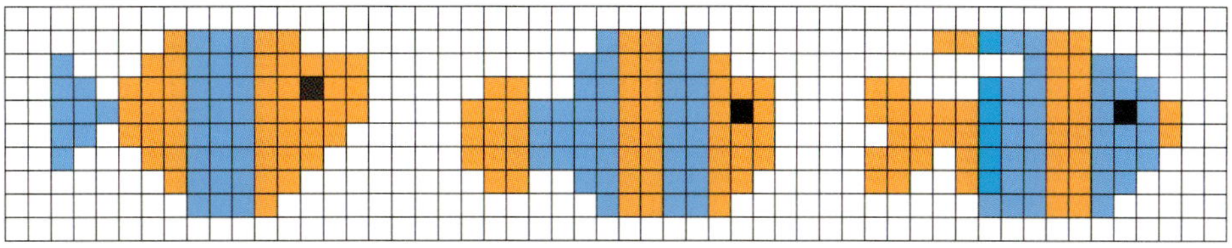

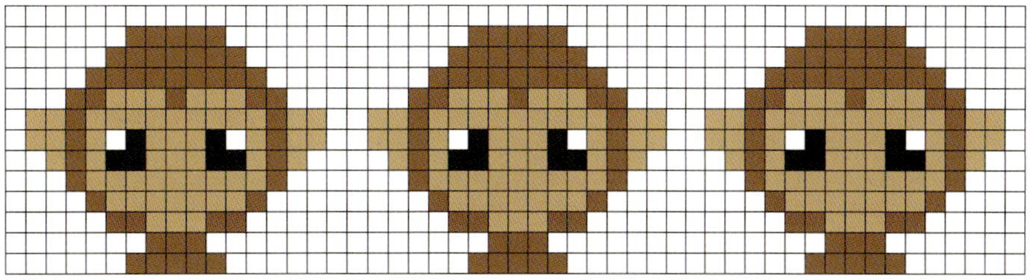

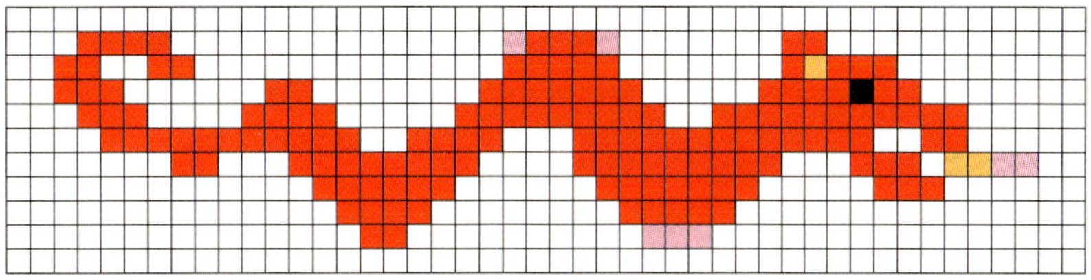

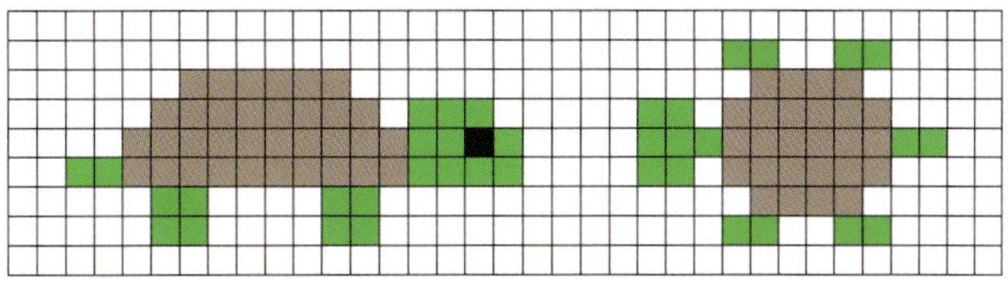

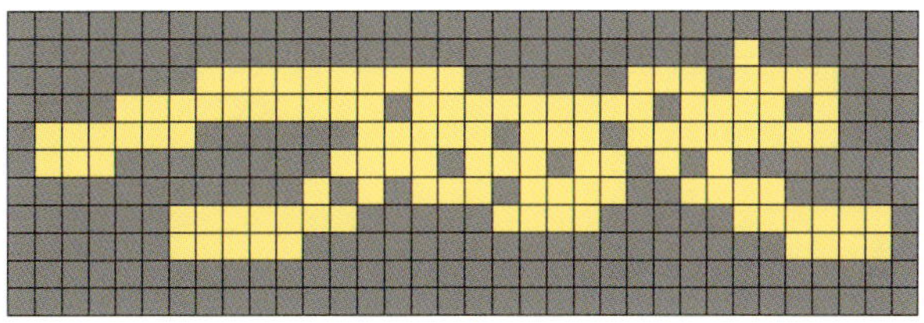

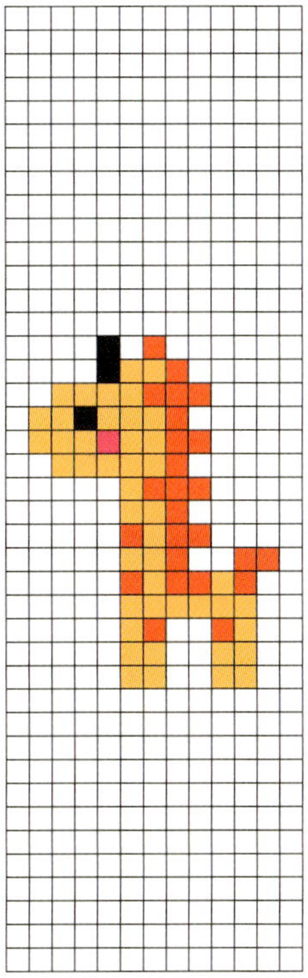

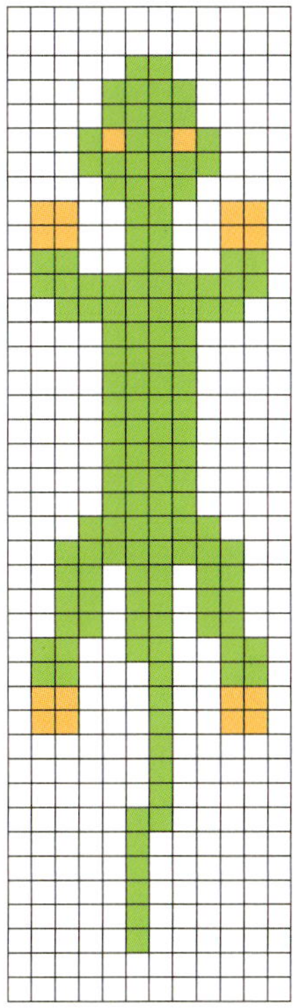

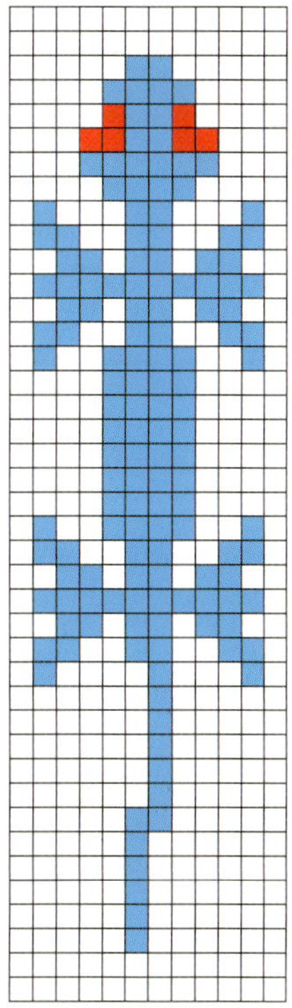

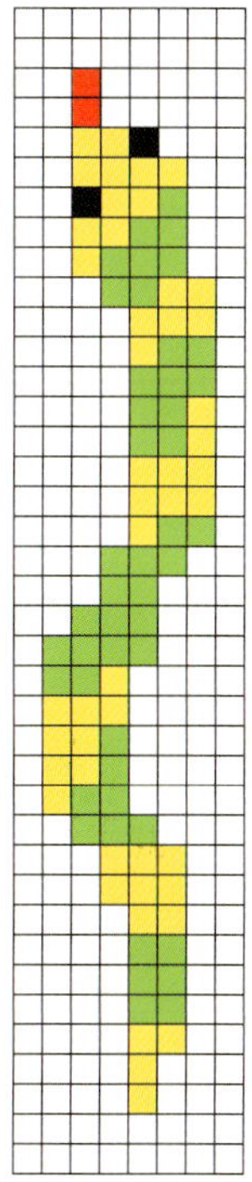

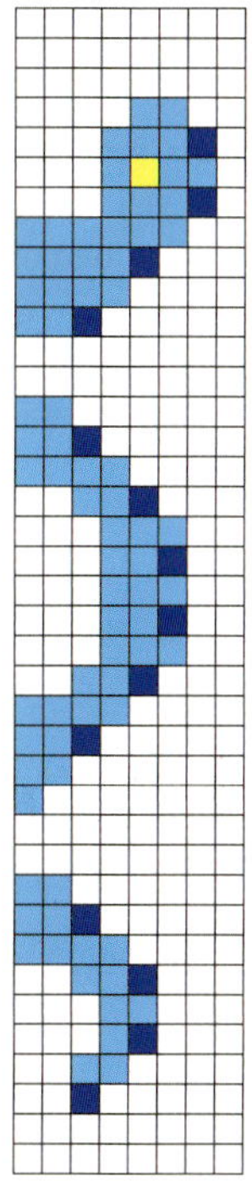

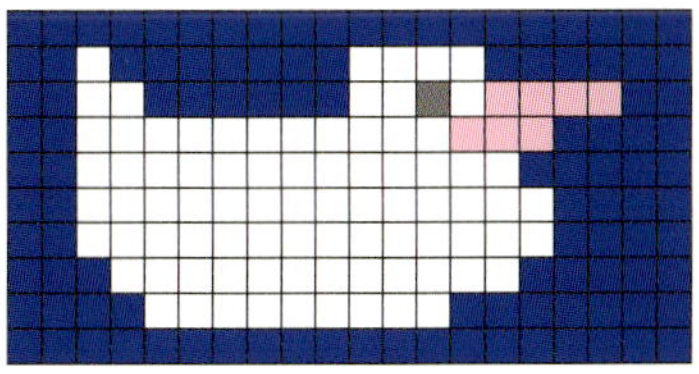

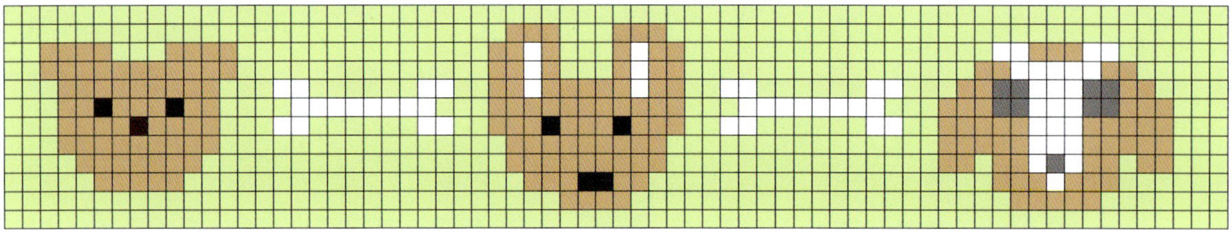

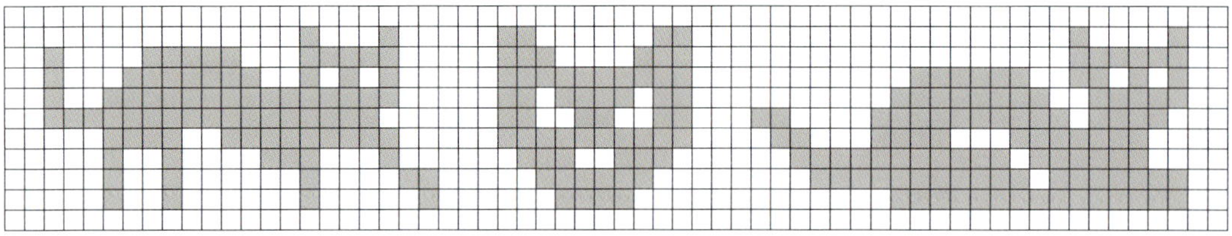

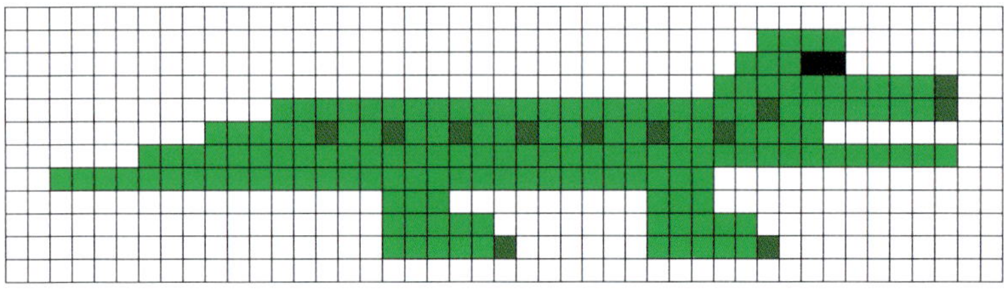

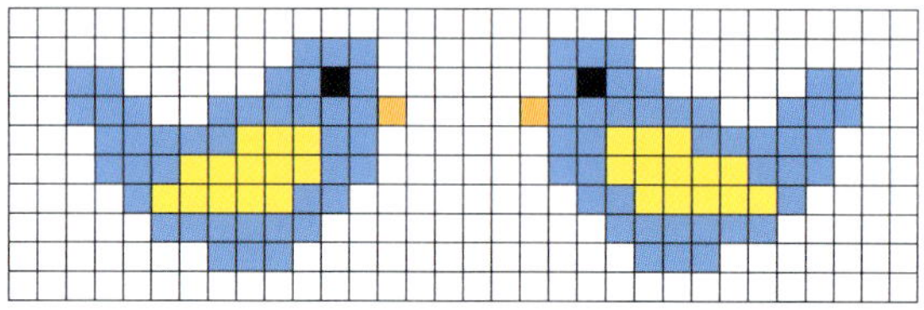

Hobbymotive

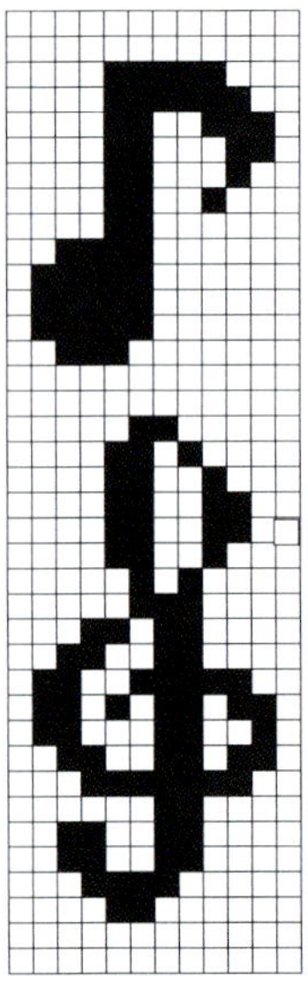

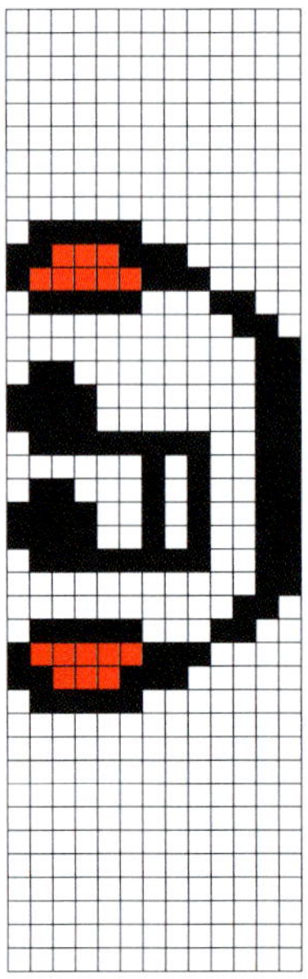

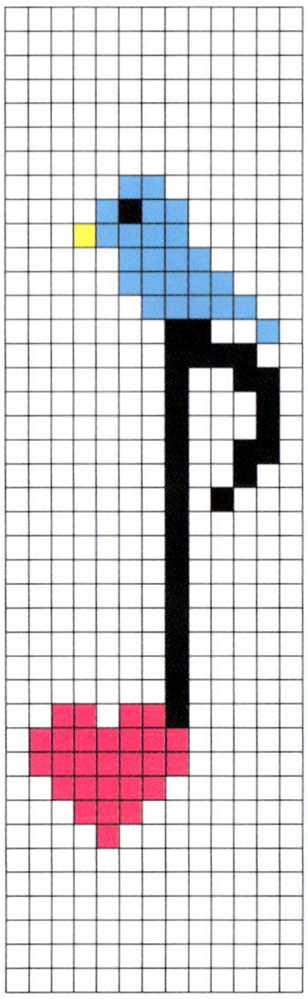

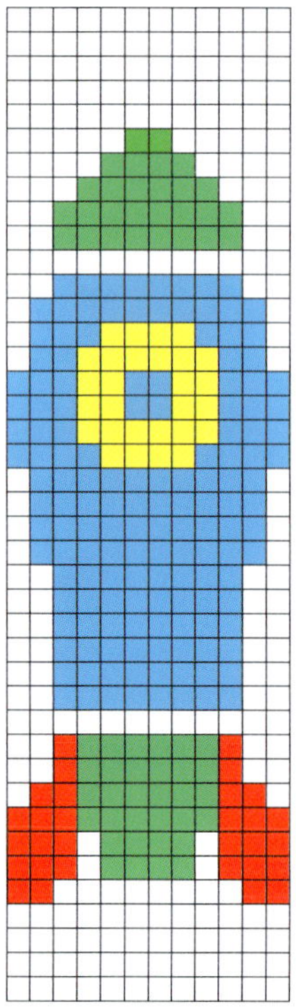

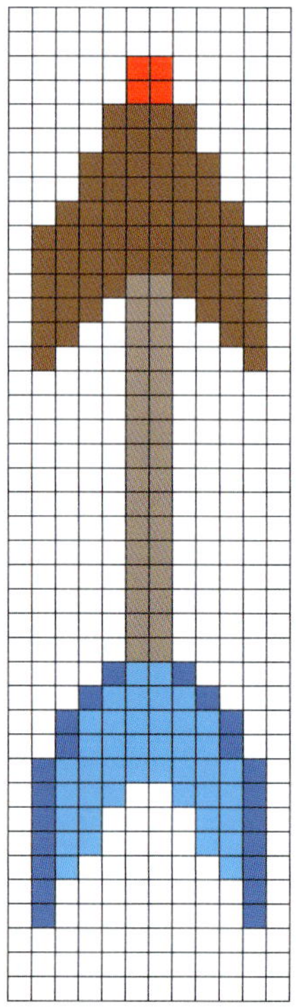

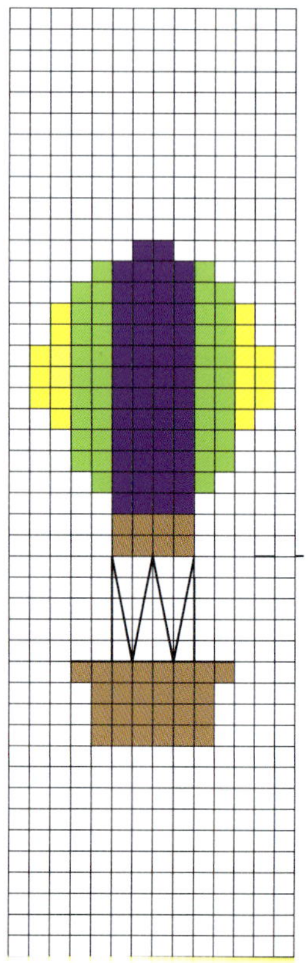

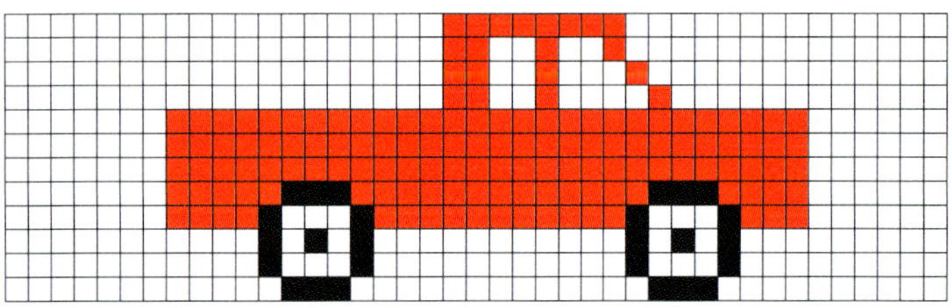

Saisonale Motive

Valentinstag

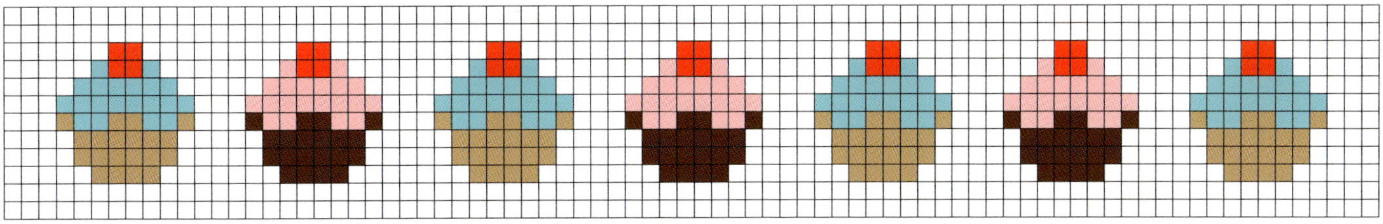

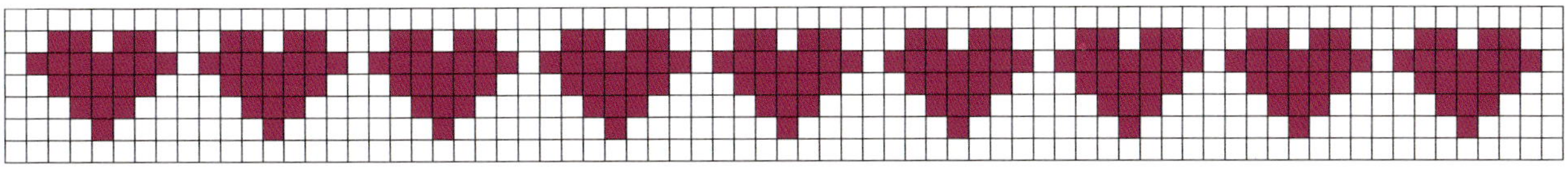

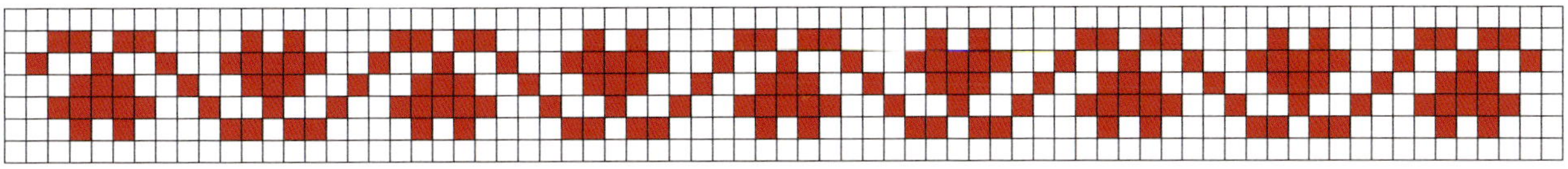

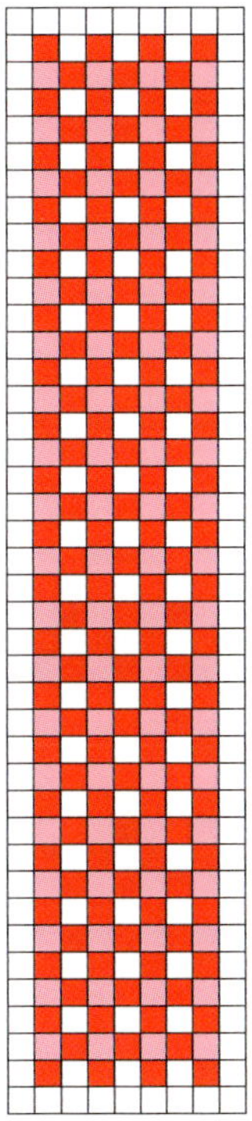

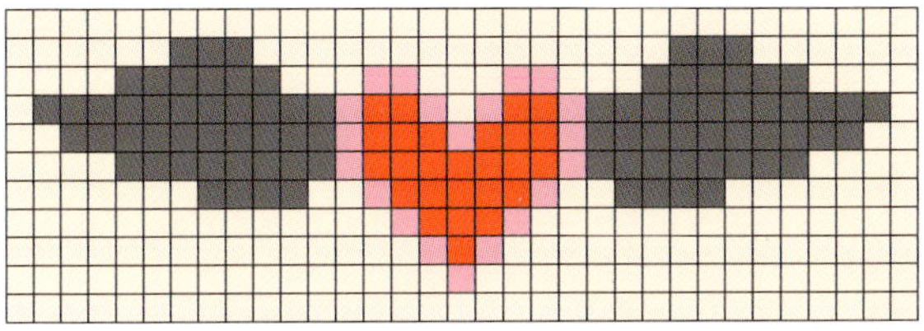

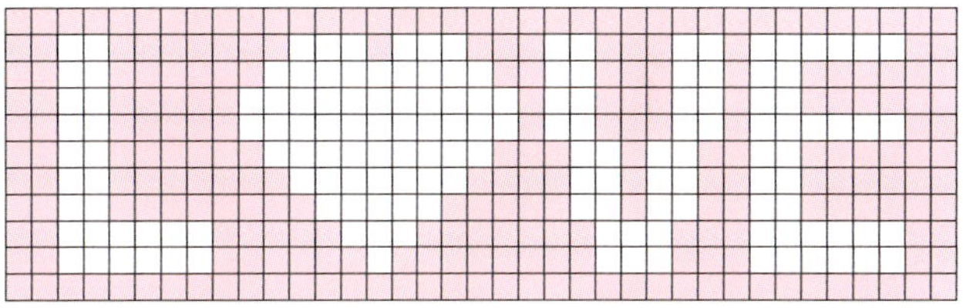

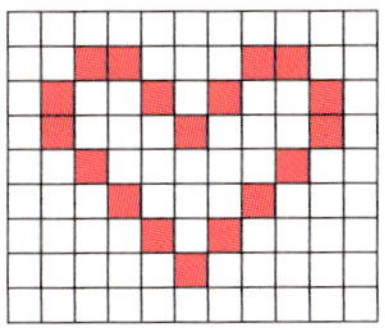

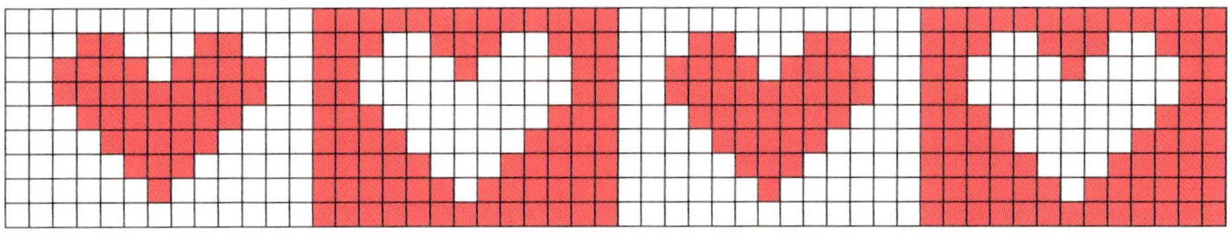

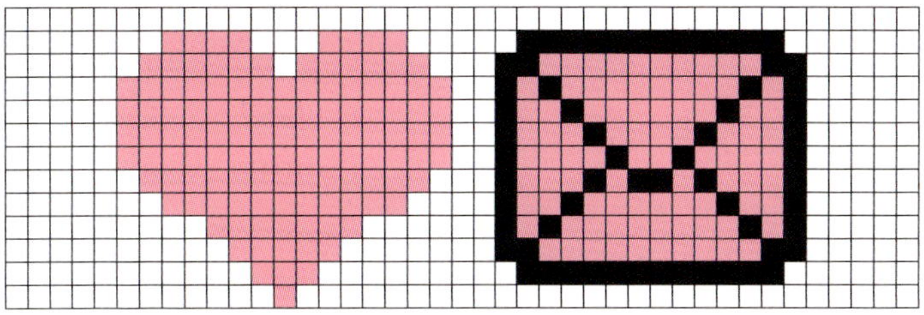

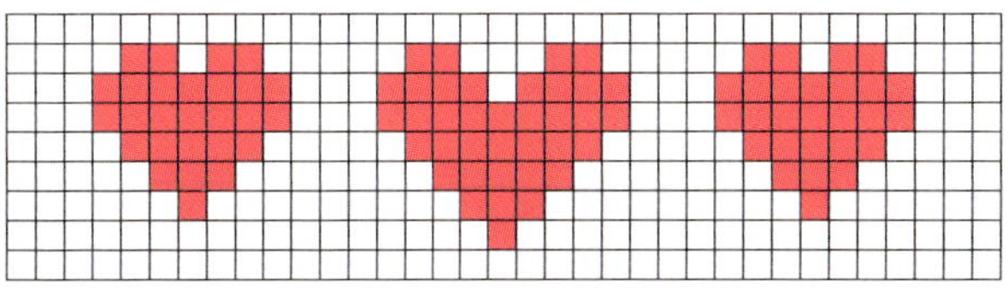

St. Patrick's Day

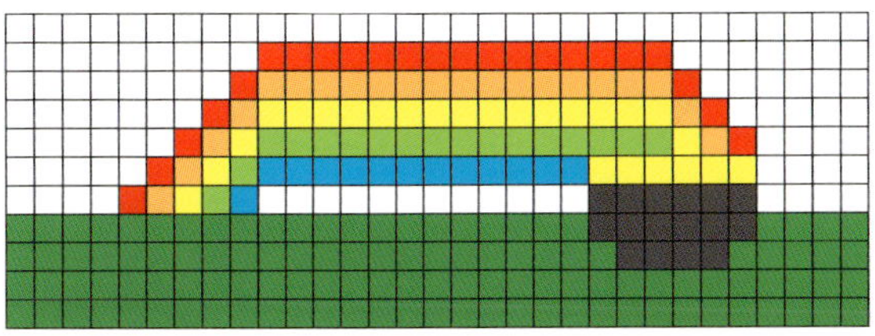

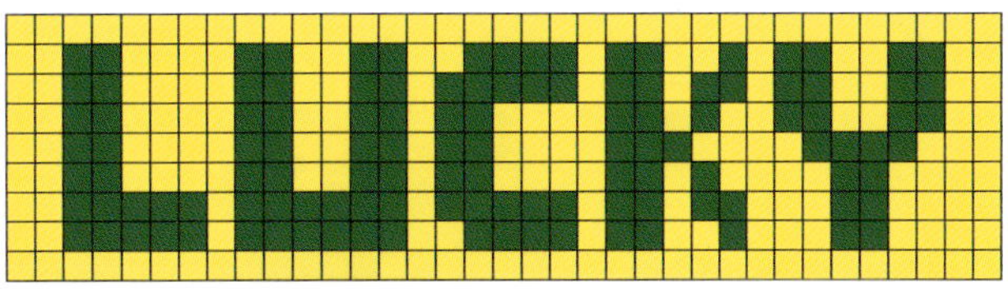

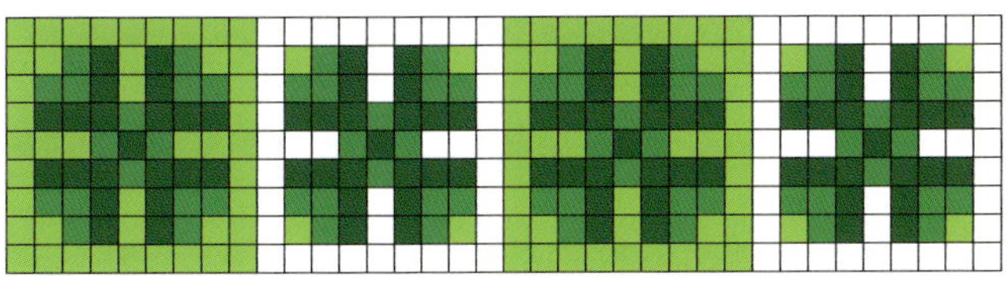

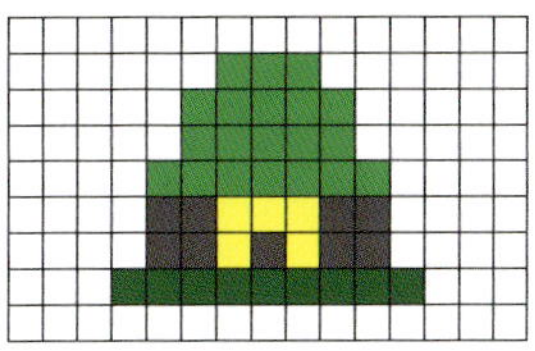

Ostern/Frühling

Muttertag/Vatertag

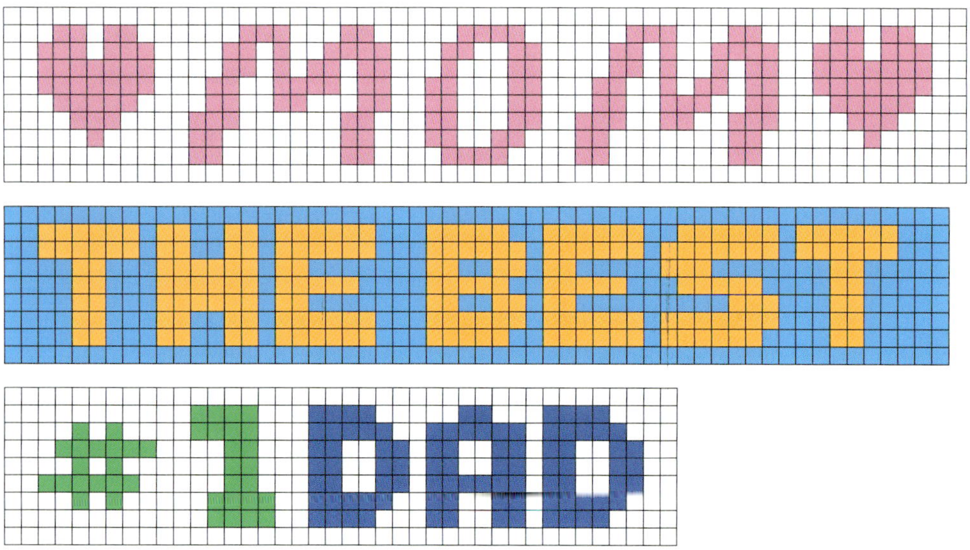

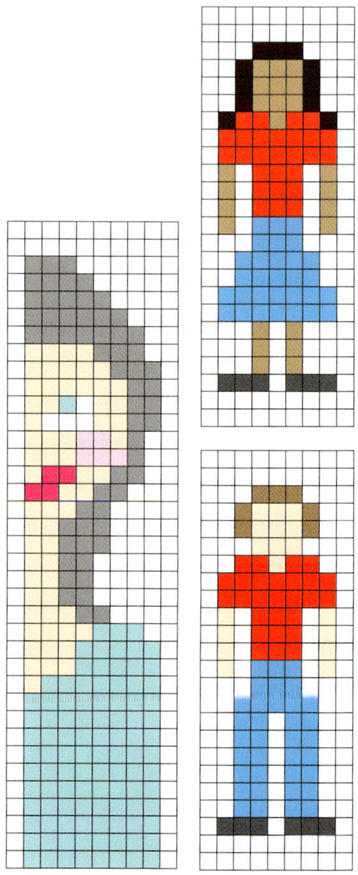

4. Juli/Sommerzeit

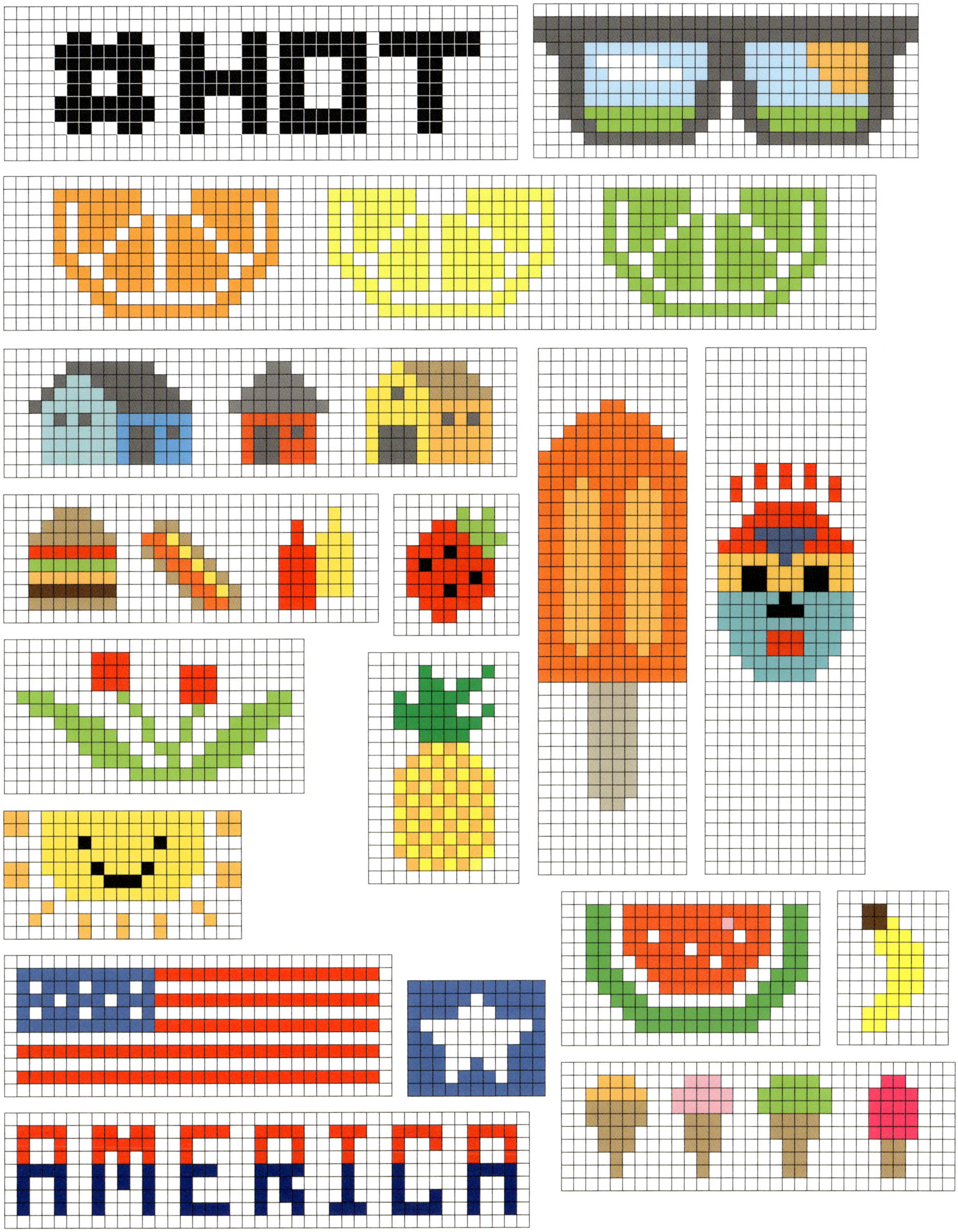

Halloween

Bewusstseinsmonat

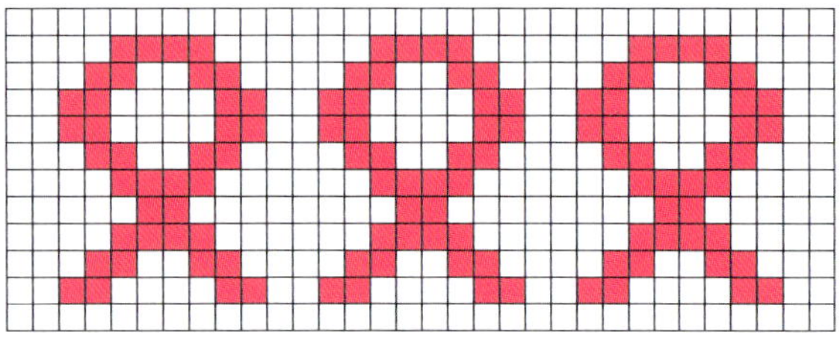

Chanukkah

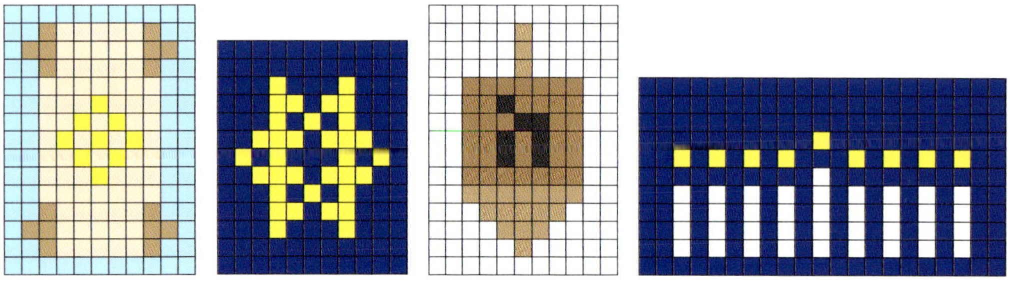

Weihnachten

Kwanzaa

Eigene Muster gestalten

Entwirf deine eigenen Muster für einzigartige Armbänder. Such dir Buntstifte aus, die zu deinem Garn passen, und verwende die untenstehenden Diagramme, um dein Bild zu planen. Denk daran, dass 12-14 Reihen ca. 2,5 cm Armband entsprechen.

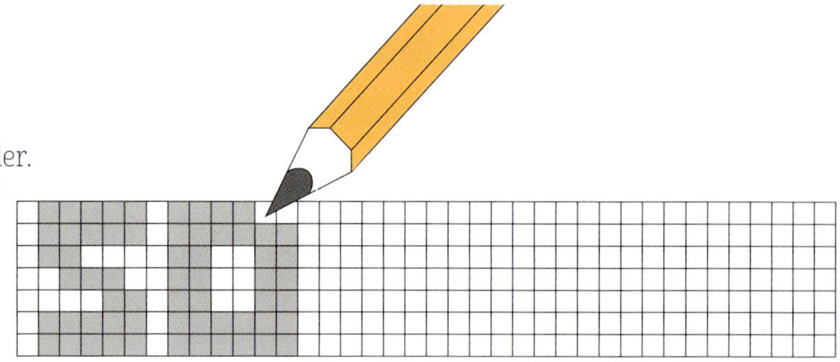

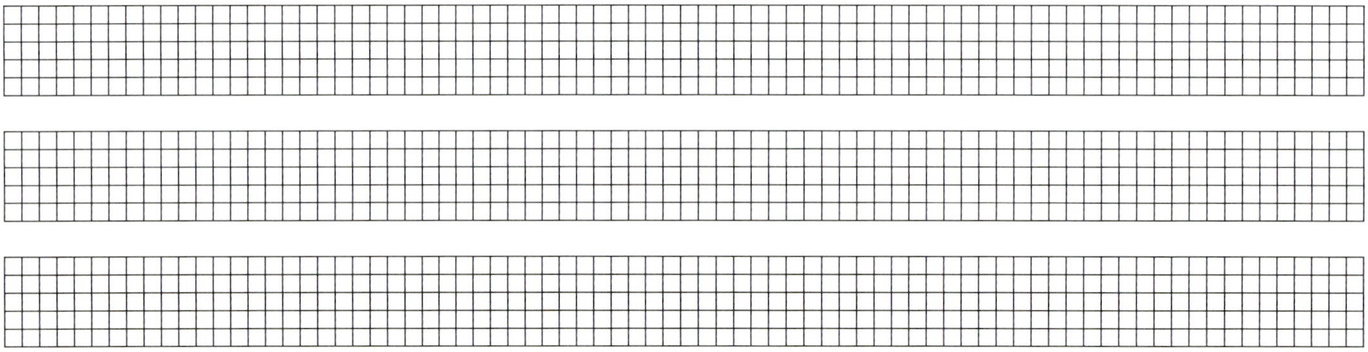

Schmal: Verwende die obenstehenden schmalen Diagramme für eigene Wörter oder Sätze und verwende die kleineren Schriftarten auf Seite 34-35. 12-14 Reihen entsprechen ca. 2,5 cm.

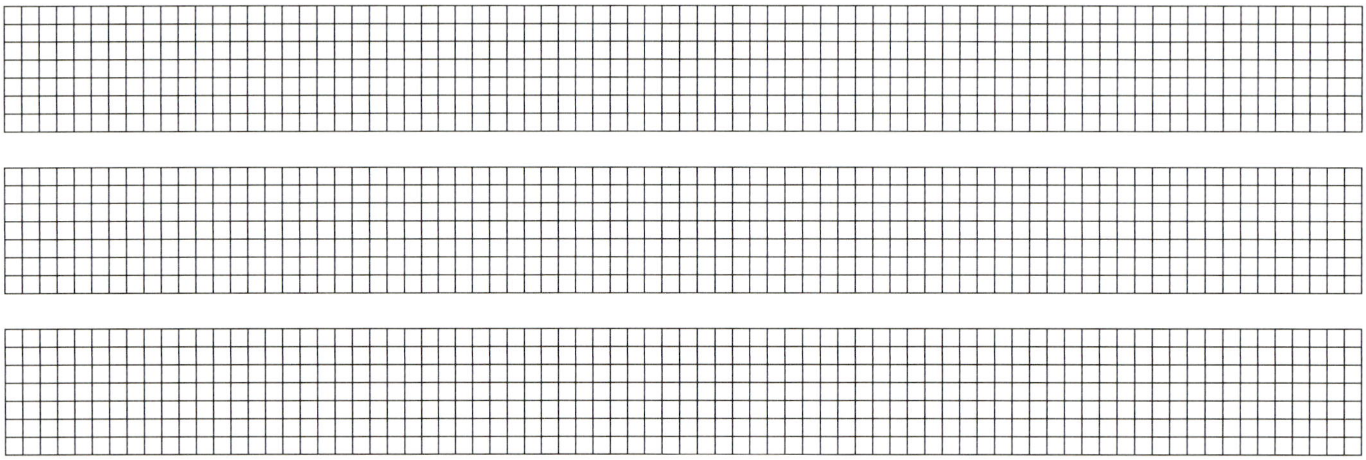

Breit: Verwende die obenstehenden breiten Diagramme für eigene Wörter oder Sätze und verwende die größeren Schriftarten auf Seite 34-35. 12-14 Reihen entsprechen ca. 2,5 cm.

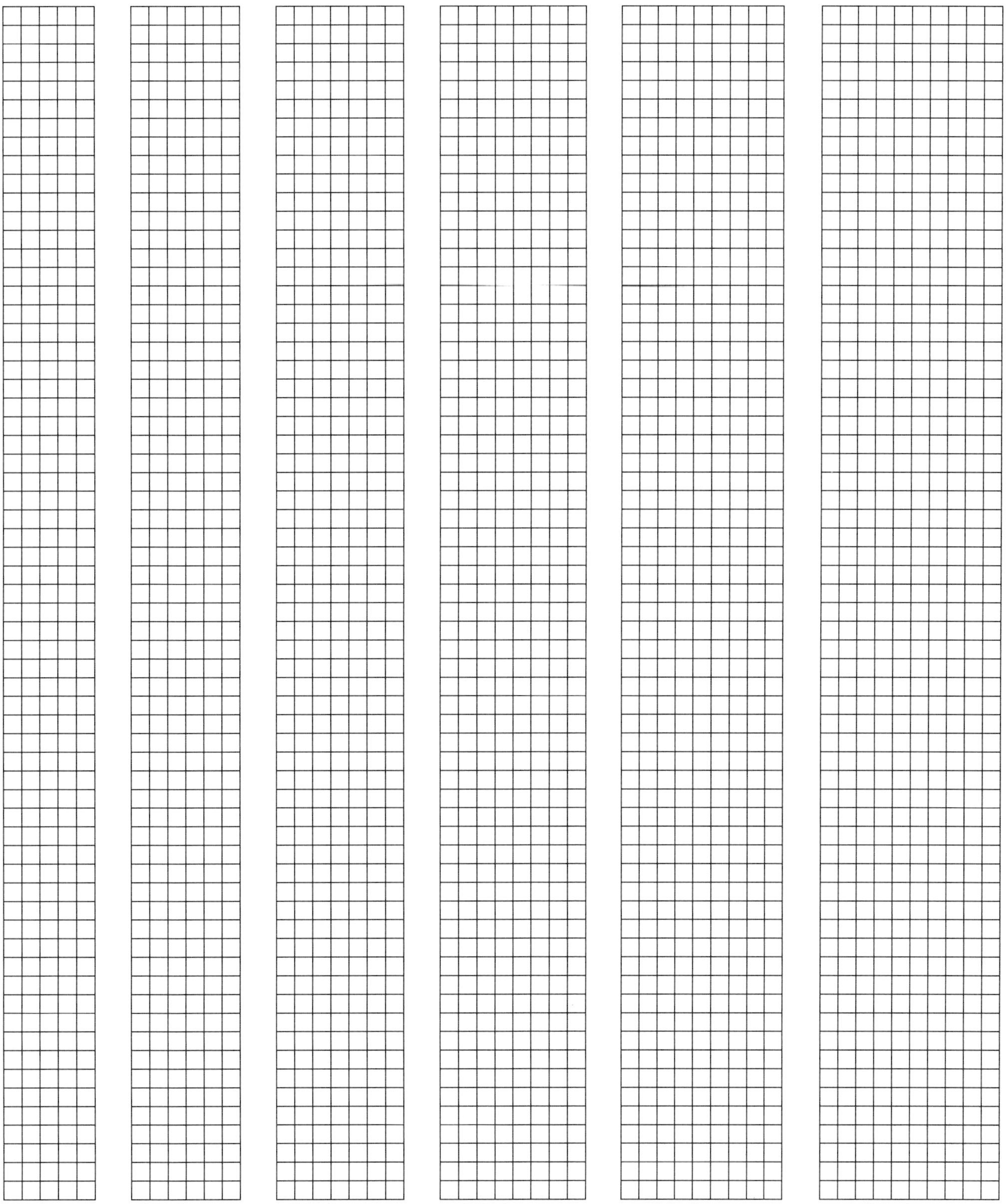

5 Spalten 6 Spalten 7 Spalten 8 Spalten 9 Spalten 10 Spalten

Diese Diagramme sind 64 Reihen lang, was einem Armband von etwa 12,5 cm Länge entspricht.